Educação linguística — 10

Gramática BRASILEÑA para hablantes de ESPAÑOL

Orlene Lúcia S. Carvalho
Marcos Bagno

con la colaboración de
Rossana Genta
Xoán Carlos Lagares

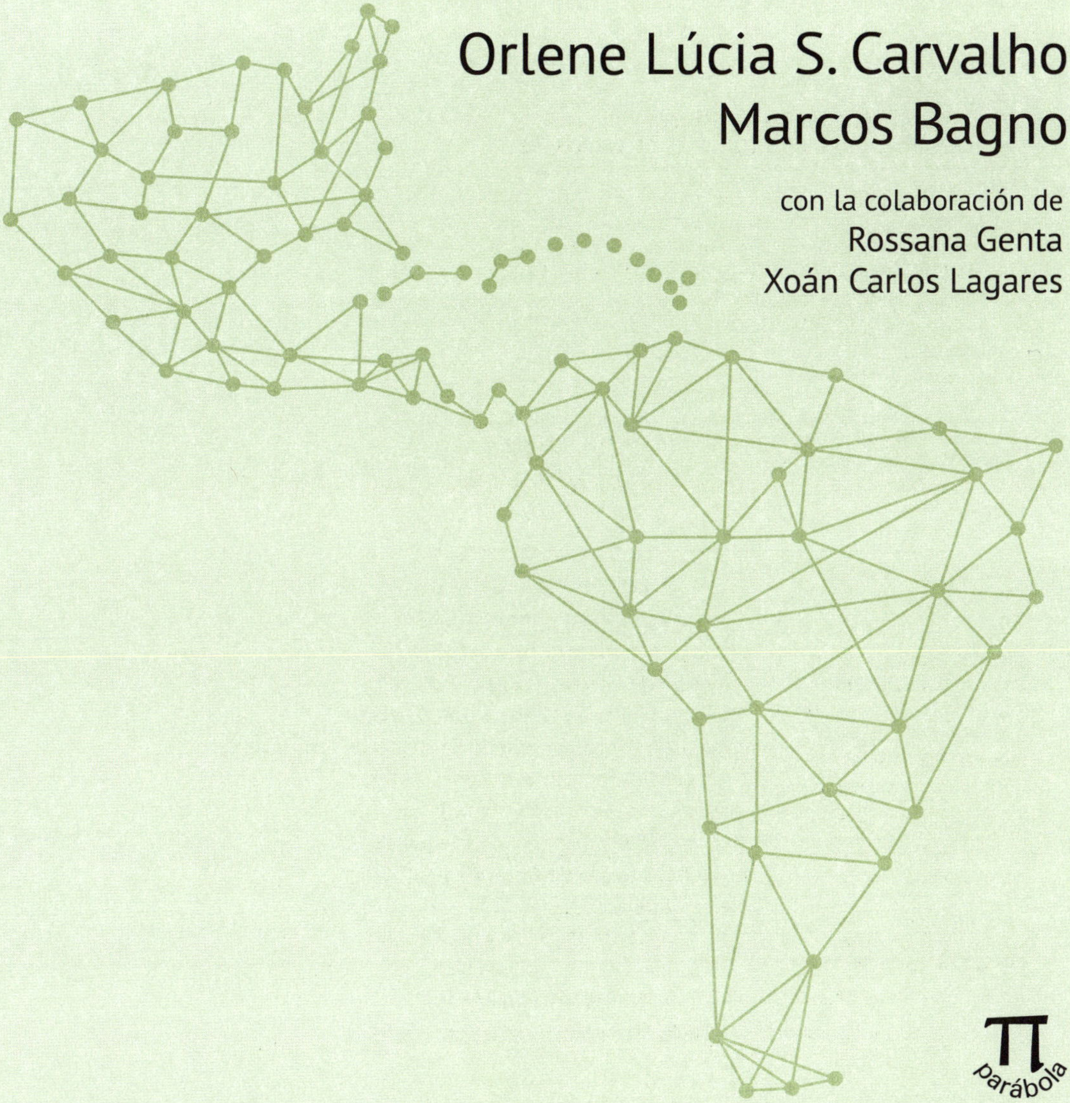

parábola

Direção: Andréia Custódio
Capa e projeto gráfico: Telma Custódio
Revisão técnica: Rossana Genta e Xoán Carlos Lagares
Revisão: Karina Mota
Ilustração de capa: Telma Custódio

CIP-BRASIL. CATALOGAÇÃO NA FONTE
SINDICATO NACIONAL DOS EDITORES DE LIVROS, RJ

C321g

Carvalho, Orlene Lúcia S.
Gramática brasileña para hablantes de español / Orlene Lúcia S. Carvalho, Marcos Bagno. - 1. ed. - São Paulo : Parábola Editorial, 2015.
192 p. ; 24 cm. (Educação linguística ; 10)

Inclui bibliografia e índice
Inclui anexo
ISBN 978-85-7934-057-4

1. Língua portuguesa - Gramática. 2. Língua espanhola - Gramática. 3. Gramática comparada e geral. 4. Linguagem e línguas. I. Bagno, Marcos. II. Título. III. Série

15-20253 CDD: 469.5
CDU: 811.134.3'36

Direitos reservados à
PARÁBOLA EDITORIAL
Rua Dr. Mário Vicente, 394 - Ipiranga
04270-000 São Paulo, SP
pabx: [11] 5061-9262 | 2589-9263 | fax: [11] 5061-8075
home page: www.parabolaeditorial.com.br
e-mail: parabola@parabolaeditorial.com.br

ISBN: 978-85-7934-057-4

Dedicamos este libro
a nuestros amigos latinoamericanos

Índice general

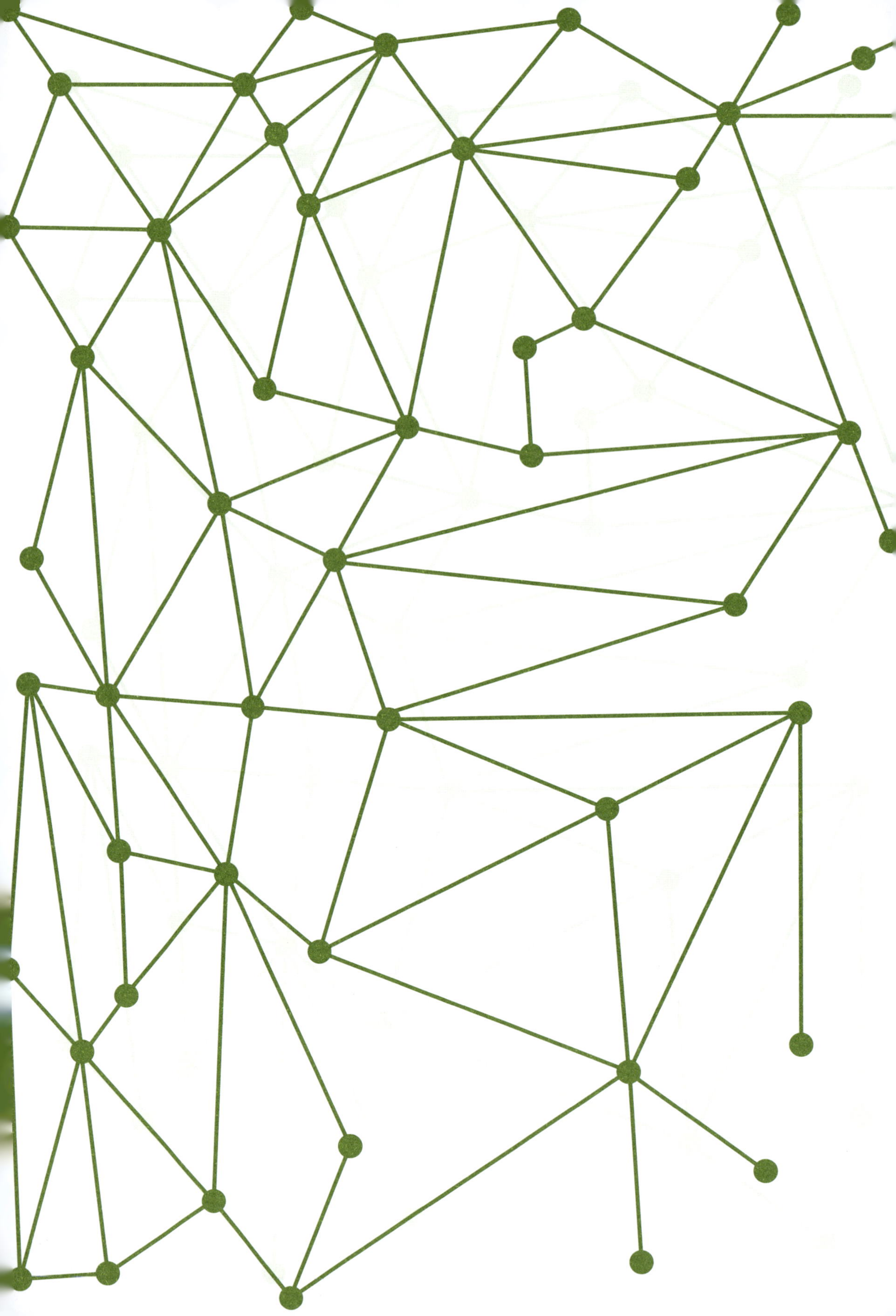

Primeras palabras

La importancia del portugués brasileño en el panorama de las lenguas mundiales crece en la actualidad en sintonía con el papel de protagonista de primer orden que ha desempeñado Brasil en la última década, y ciertamente seguirá desempeñando en las próximas, en el escenario internacional. Lamentablemente, sin embargo, la producción de material didáctico destinado a la enseñanza del portugués brasileño es, además de escasa, bastante problemática. Parece que aún existe una fuerte renuencia a reconocer las características específicas de la lengua de los brasileños, unida a un apego excesivo e injustificado a la tradición normativa, que se inspira en una representación idealizada de la lengua escrita en Portugal a fines del siglo 19 y comienzos del 20. Dicha opción impide un acceso libre y sereno del aprendiz extranjero a la lengua realmente hablada y escrita en Brasil en este inicio del siglo 21.

Con nuestra mirada dirigida hacia Latinoamérica, sobre todo en una época en la que las interacciones Sur-Sur son cada vez más la regla, tomamos la iniciativa de intentar comenzar a llenar el vacío de obras destinadas a aprendices de portugués brasileño que tienen al español como primera lengua.

Esta no es una gramática comparativa, aun así en su proceso de elaboración se consideraron las diferencias y similitudes interlingüísticas, lo que, en ciertas ocasiones, nos llevó a adoptar posturas contrastivas, cuando se estimaron necesarias.

Aprender una lengua extranjera fuera del país donde se habla es un gran desafío. Si bien internet posibilita conversaciones con hablantes nativos, la ausencia de convivencia empírica hace bastante difícil el proceso de aproximación al habla y a la escritura de una lengua segunda.

Desde hace mucho se sabe que la enseñanza de estructuras descontextualizadas no ayuda al aprendiz. No se aprende el léxico y la gramática, o mejor dicho, la léxico-gramática de una lengua disociada de las situaciones de uso. La lengua existe para la producción de sentido, para que el individuo y su grupo den sentido al mundo y a las experiencias, de suerte que las formas lingüísticas se relacionan con las rutinas sociales y culturales. La lengua no es un bloque homogéneo, sino un haz de variaciones, así como la sociedad misma es una amalgama de distintos grupos, cada cual con su cultura propia y, evidentemente, su forma característica de hablar la lengua.

Conscientes de este hecho insoslayable — la variación lingüística —, nuestra gramática no solo describe los usos del portugués brasileño, sino que informa al lector aprendiz si determinado uso es más formal o informal, si es más frecuentemente usado en la escritura cuidada o en el habla más espontánea. De esta forma, procuramos ofrecer a nuestros lectores un retrato lo más fiel posible de lo que pueden llegar a encontrar si deciden ponerse en contacto directo con la realidad brasileña contemporánea, múltiple y compleja como la de cualquier gran país de nuestros días.

Para alcanzar dicho objetivo, buscamos ejemplificar los usos de la forma más auténtica posible con los datos a nuestra disposición. Así, los ejemplos son reales y fueron adaptados del *corpus* Banco Brasileiro (LAEL/PUC-SP) y de textos extraidos tanto de internet como de otros bancos de datos de lengua viva hoy disponibles en diversos centros brasileños de investigación lingüística.

Este trabajo no se hubiera llevado a cabo sin la ayuda fundamental de Rossana Genta, profesora de portugués y traductora actuante en Montevideo, y de Xoán Carlos Lagares, docente e investigador de la Universidad Federal Fluminense, en Niterói (Río de Janeiro). A ellos dirigimos nuestros más sinceros agradecimientos. Evidentemente, los eventuales errores y omisiones son de nuestra entera responsabilidad. Estamos abiertos a todo tipo de crítica y sugerencia que nos permitan perfeccionar la obra y llevar adelante nuestro propósito de promover una enseñanza-aprendizaje del portugués brasileño que satisfaga las necesidades de quienes pretenden conocer nuestra lengua para su formación profesional, práctica o científica, o por el simple deseo de ampliar su universo de conocimiento y sus contactos con otros pueblos y culturas.

Universidad de Brasilia, enero de 2015.
ORLENE LÚCIA DE S. CARVALHO
MARCOS BAGNO

Presentación

Xoán Carlos Lagares
Universidade Federal Fluminense

Esta *Gramática brasileña*, elaborada por Orlene Lúcia de S. Carvalho y Marcos Bagno, viene a ocupar un importante lugar, que todavía se encontraba prácticamente vacío, para promover el conocimiento del portugués brasileño entre hablantes de castellano. Es un instrumento que permite aproximar dos espacios lingüísticos que son cercanos, geográfica y estructuralmente, pero que, al mismo tiempo, permanecen distantes.

Castellano y portugués son lenguas próximas por la continuidad y la vecindad entre los países que los tienen como lenguas oficiales. También por la evidente cercanía estructural entre ambos idiomas, nacidos de una misma fuente latina y en contacto secular a lo largo de la historia, ya desde sus orígenes en la Península Ibérica.

Sin embargo, son de hecho lenguas distantes, por causa del mutuo desconocimiento que las fronteras políticas han impuesto a sus hablantes, encerrados según el ideal monolingüe de los viejos Estados Nación en una única lengua nacional, aislados política y culturalmente de los vecinos que integran otros mercados lingüísticos (y que, en esa organización de los mercados, a duras penas consiguen mantener sus idiomas locales no oficiales). En la actual fase de mundialización, las actuales formas de comunicación surgidas en el seno de internet ya han derribado muchas fronteras y hacen que instrumentos como esta gramática sean aún más necesarios.

La proximidad estructural entre las lenguas no debe confundirse con una cierta identidad conflictiva o negativa, aunque en el imaginario colectivo la relación entre castellano y portugués se entienda, a veces, como si uno fuese exactamente el contrario del otro, su versión perfectamente invertida. Esa imagen de las lenguas se expresa en el tópico que se pretende cómico y que afirma que el portugués/castellano es un castellano/portugués mal hablado.

Otro lugar común muy frecuente para referirse a la relación entre ambas lenguas es el que reduce sus diferencias al léxico, como si un idioma fuera solo una lista de palabras para designar la realidad (que para esa visión sería siempre una y la misma). La insistencia en las listas de "falsos amigos", como compendio máximo de diferencias y de dificultades comunicativas entre hablantes de castellano y de portugués, condensa esa representación habitual, que encontramos por ejemplo en publicidades de todo tipo (también de cursos de idiomas) al abordar la interacción entre ambas lenguas y sus respectivos sistemas culturales. Obviamente, conocer esas diferencias de significado entre palabras con un mismo origen y un significante idéntico o muy parecido es importante, pero está lejos de agotar la cuestión. Por ese motivo, en esta gramática ese aspecto es abordado en un anexo específico.

La gramática no es la lengua, y no es sensato pensar que nos vamos a "apoderar" de una lengua al estudiar su gramática. Nos deparamos simplemente (¿simplemente?) con un instrumento lingüístico que muestra de forma organizada las relaciones estructurales entre las unidades que componen el sistema del idioma. Esta gramática brasileña hace eso de forma extremamente clara y sintética, y por estar dirigida a hablantes de español, lo hace prestando especial atención a las diferencias, anticipando posibles dudas, partiendo del conocimiento lingüístico que el hablante ya posee, es decir, equilibrándose con fortuna en ese espacio impreciso marcado por la especial proximidad/distancia entre los idiomas.

Esta gramática parte también de un conocimiento profundo del portugués brasileño real, y es esa la lengua que describe. Se basa, para ello, en las muchas investigaciones realizadas durante las últimas décadas en las universidades de Brasil para saber cómo hablan los brasileños, y en una amplia experiencia acumulada sobre enseñanza de esa lengua a extranjeros. Conocimientos y experiencia que los autores de esta obra han contribuido a consolidar a lo largo de su vida académica, y que aquí ofrecen de forma condensada.

El lector no va a encontrar en esta gramática un modelo de lengua fosilizado, preso a una tradición normativa construida de espaldas a los usos reales de los hablantes, sino una síntesis explicativa de esos usos cultos hoy "normales" en Brasil. Por ese motivo, no sólo se describe la fonética común brasileña, sino también, por ejemplo, los usos "normales" (es decir, comunes) de los pronombres personales, con el claro predominio de la posición pre-verbal ("**Te encontro** amanhã, então, depois do almoço"), el uso de los pronombres sujeto con verbos causativos y sensitivos ("O profesor sempre **deixa eu entregar** o trabalho mais tarde"), o el uso de "se" exclusivamente como sujeto indeterminado ("Aqui **se vende livros** em espanhol") o como sujeto de infinitivos ("Futebol é **difícil de se entender** "). Fenómenos que la tradición normativa del portugués, de raíz lusitana, en muchas ocasiones condena como erróneos, o que simplemente ignora.

Por otra parte, indicaciones, por ejemplo, sobre la escasa utilización de los demostrativos "este(s), esta(s), isto", sustituidos en Brasil por "esse(s), essa(s), isso" combinados con los adverbios "aqui, aí, ali, lá", o sobre las distintas formas de preguntar: con las *tag-questions* "né, viu, tá, sabe, hein", con la repetición del verbo, con las construcciones "é que"/"foi que", entre otras con sentidos diversos, ofrecen una aproximación a la lengua hablada en Brasil extremamente útil y veraz.

Es necesario dar pasos, en fin, para que el diálogo entre los países de América Latina se desarrolle normalmente en sus respectivos idiomas, promoviendo el mutuo conocimiento para que se produzca una integración cultural en el continente que parta del respeto inequívoco a las diferencias. Y es importante que el idioma hablado en el mayor país de América del Sur, gigante económico y productor de una enorme cantidad de bienes culturales, sea conocido en los países de la América de lengua oficial castellana. La publicación de una gramática brasileña para hablantes de castellano es también, en ese sentido, un acontecimiento político que debe ser celebrado.

INTRODUCCIÓN

Brasil: historia, lengua y sociedad

1. Síntesis histórica

La historia oficial de Brasil comienza el 22 de abril de 1500, con la llegada del navegador portugués Pedro Álvares Cabral y su flota de carabelas al litoral sur del estado de Bahía. Unos meses antes, sin embargo, el español Vicente Yáñez Pinzón ya había atracado en un punto aún no identificado con precisión en la costa de la región Nordeste, probablemente en Pernambuco. De todas maneras, el territorio se tornó parte integrante del imperio portugués.

El nombre Brasil deriva de un árbol, el *Caesalpina echinata*, llamado en portugués *pau-brasil* (*palo brasil* en español). Los indígenas brasileños de lengua tupí lo denominaban *ibirapitanga* ("madera roja"). De su corteza se extrae una tintura rojiza que fue usada durante muchos siglos en la producción de telas. Su madera también era apreciada para la fabricación de muebles. Existía en abundancia en el litoral brasileño desde el Nordeste hasta Río de Janeiro. Su explotación fue la primera actividad económica de la nueva colonia portuguesa. Hoy, sin embargo, está amenazado de extinción y es protegido por ley.

Poco después, en la segunda mitad del siglo XVI, comenzó el ciclo económico de la caña de azúcar, que llevó a Brasil a ser el mayor productor mundial de azúcar de la época. El cultivo de caña fue intenso en la región Nordeste. Para su desarrollo, los portugueses intentaron inicialmente usar mano de obra esclava indígena, pero no lo lograron. Recurrieron, entonces, a la importación de esclavos africanos, que estaría vigente hasta el siglo XIX (la abolición total de la esclavitud ocurrió recién en 1888, con Brasil ya independiente). Durante más de 350 años, millones de africanos fueron llevados a Brasil, lo que convirtió al país en el mayor receptor de esclavos de todo ese largo período. La capital de la colonia era Salvador, en Bahía, ciudad fundada en 1549.

El descubrimiento de oro y de piedras preciosas en las áreas centrales de la colonia (Minas Gerais, principalmente) promovió el traslado de grandes contingentes de esclavos de la región azucarera hacia la región de las minerías y de los *garimpos* (bateos del oro). El oro de Brasil hizo del rey portugués Juan V, que reinó entre 1689 y 1750, el monarca más rico del mundo. El llamado ciclo del oro se extendió de 1700 a 1789. Para facilitar la administración de la nueva riqueza, la capital de Brasil fue transferida, en 1763, a la ciudad de Río de Janeiro (fundada en 1565), estatuto que se mantendrá hasta 1960, con la fundación de la nueva capital, Brasilia.

El agotamiento de las riquezas minerales hizo declinar la economía basada en el oro, que cedió lugar al cultivo de café, iniciado en 1800. El llamado ciclo del café prosiguió después de la independencia (1822) y se extendió hasta 1930. Si bien Brasil es aún hoy el mayor productor mundial de café, responsable por el 35% del café vendido en todo el mundo, la diversificación de la economía y el proceso de industrialización desplazaron al café de su primer lugar entre las exportaciones brasileñas. La soja y la carne bovina, por ejemplo, tienen mucho más destaque actualmente.

En 1808, tropas francesas invadieron Portugal, aliado de Inglaterra, la principal enemiga de los proyectos imperiales de Napoleón Bonaparte. Antes que el ejército francés alcanzara Lisboa, la familia real portuguesa, liderada por el príncipe regente Juan VI, y toda la corte huyeron hacia Brasil y se instalaron en Río de Janeiro. Se estima que un total de 15.000 personas llegaron a la capital de la colonia.

El traslado de la familia real portuguesa a Brasil tuvo grandes consecuencias históricas. Juan VI (que pasó a ser rey luego de la muerte de su madre, Maria I, en 1818) promovió diversas reformas económicas, políticas y culturales. Fundó el Banco de Brasil — la institución financiera más importante del país hasta hoy —, la Biblioteca Nacional de Río de Janeiro (para albergar los libros traídos de Lisboa), el Jardín Botánico, la Imprenta Real (hasta entonces se prohibía imprimir cualquier tipo de texto en la colonia), las escuelas de medicina de Bahía y de Río de Janeiro, la Academia Real de Bellas Artes y el Museo Real (hoy Museo Nacional). Atribuyó a Brasil el título de reino, asegurando mayor autonomía administrativa a la colonia. Al regresar a Europa, en 1820, Juan VI dejó como regente a su hijo, Pedro, quien proclamaría la independencia en 1822, transformando al país en Imperio de Brasil.

Preocupado por las cuestiones de sucesión en Portugal, el emperador Pedro I abdica del trono en 1831, en favor de su hijo Pedro II, de apenas cinco años de edad. En Portugal, será proclamado rey con el nombre de Pedro IV. Después del período de la Regencia, el nuevo emperador asume en 1841, a los catorce años, y reinará por 58 años, hasta la proclamación de la República, en 1889, cuando es obligado a exiliarse. Durante su reinado estalló la Guerra del Paraguay (1864-1870), que unió a Brasil, Argentina y Uruguay contra el gobierno de Solano López. En dicho conflicto, Paraguay sufrió inmensas pérdidas humanas y su territorio se redujo en un 40%. El 13 de mayo de 1888, la hija de Pedro II, la princesa Isabel, que gobernaba mientras su padre estaba de viaje, firma la Ley Áurea, que pone fin a toda y cualquier forma de esclavitud en el país. Al año siguiente, un golpe militar dirigido por el mariscal Deodoro da Fonseca derroca al régimen monárquico y proclama la República (15 de noviembre de 1889). La destitución del emperador recibió fuerte apoyo de los grandes propietarios de tierras, contrariados por la pérdida de la mano de obra esclava.

La primera fase republicana se prolonga hasta 1930, cuando Getúlio Vargas asume el poder y gobierna, dictatorialmente, hasta 1945. Vargas vuelve a gobernar, como presidente electo, de 1951 a 1954, año en el que se suicida. El breve período de redemocratización tuvo como figura principal al presidente Juscelino Kubitschek, que gobernó de 1956 a 1961, y fue responsable de la transferencia de la capital del país hacia la ciudad de Brasilia, especialmente construida para tal propósito.

En 1964, un golpe militar instaura nueva dictadura, que se extenderá hasta 1985. Durante ese período, se prohibieron los partidos políticos de orientación marxista y se volvieron frecuentes las detenciones arbitrarias y la censura rígida sobre los medios de comunicación y sobre las actividades culturales. El fin del régimen militar resultó de un acuerdo entre el gobierno dictatorial y fuerzas políticas de la derecha liberal, lideradas por Tancredo Neves, elegido como presidente por el sistema de Colegio Electoral, creado por los militares. Víctima de una grave enfermedad, Tancredo Neves no pudo asumir la presidencia, que fue ocupada por su vicepresidente, José Sarney, quien tomó posesión del cargo el 15 de marzo de 1985.

Tras el gobierno de Sarney, la primera elección presidencial directa después del régimen militar llevó al poder a Fernando Collor de Mello. Los sucesivos escándalos de corrupción provocaron la destitución de Collor en 1992, que ejerció solo dos años de mandato. La presidencia fue asumida por su vice, Itamar Franco. En el gobierno de Itamar Franco se instituyó la nueva moneda brasileña, el real, un proyecto dirigido por su ministro de Hacienda, el sociólogo Fernando Henrique Cardoso, que sería elegido en 1994 para la presidencia de la República y reelegido en 1998.

A partir de 2003, con la elección de Luiz Inácio Lula da Silva, se inicia el ciclo de permanencia del Partido de los Trabajadores (PT) en el poder. Lula, exmetalúrgico y líder sindical durante el régimen militar, se torna el primer presidente de la República oriundo de estratos sociales desfavorecidos, el primero que no tiene, por ejemplo, título de curso universitario. Reelecto en 2006 para un segundo mandato, Lula proyecta a Brasil como potencia emergente internacional y ejecuta la mayor reducción de miseria registrada en la historia del país. En 2010, promueve la candidatura de Dilma Rousseff, la primera mujer que ocupa la presidencia de Brasil. En el gobierno Rousseff, Brasil se transforma en la 7ª mayor economía mundial y un actor importante en las grandes negociaciones internacionales.

En 2014, Dilma Rousseff es reelegida presidenta para otros cuatro años de gobierno.

2. Breve panorama lingüístico

2.1. Lenguas indígenas

No se sabe con precisión cuántas eran las naciones indígenas que habitaban el territorio brasileño a comienzos del siglo XVI ni cuál era la población total. Tampoco es posible determinar con exactitud el número de lenguas diferentes empleadas por esos pueblos. Los números varían entre 1 y 6 millones de habitantes y entre 300 y 1000 lenguas. Hoy, sus descendientes suman menos de 300 mil, y se hablan cerca de 180 lenguas, muchas de las cuales son usadas por un número extremadamente reducido de personas, lo que indica su probable extinción futura.

La llegada a Brasil de padres jesuitas con la misión de cristianizar a los indígenas dio comienzo a un interesante fenómeno lingüístico que fue el surgimiento de las llamadas *lenguas generales.* Estas son, de hecho, lenguas del grupo tupí que los jesuitas emplearon para comunicarse con los indígenas, para transmitirles las creencias europeas cristianas. La misma estrategia se usó en Paraguay, donde los jesuitas hicieron surgir una lengua general guaraní, ancestral de la que es hablada hasta hoy por la mayoría de los paraguayos.

Con el tiempo, las lenguas generales se transformaron en el principal instrumento de comunicación entre los habitantes de Brasil en los primeros siglos de la colonización. Indígenas, blancos y mestizos las empleaban intensamente, de modo que el portugués era de uso minoritario. Como la mayoría de los hombres portugueses llegaban a Brasil solos, establecían familias con las mujeres indígenas, y sus hijos mestizos aprendían la lengua de las madres y no la de los padres. Pero en 1759, el gobierno portugués expulsó a los jesuitas de Brasil y prohibió la enseñanza en cualquier otra lengua que no fuera el portugués. Poco a poco el uso de las lenguas generales disminuyó hasta desaparecer casi completamente. Hoy en día, solo una pequeña población en el extremo norte de la región amazónica aún emplea una lengua general de base tupí, el *ñeengatú*, que significa "lengua bonita".

El tupí está en el origen de la gran mayoría de los nombres de plantas y animales del portugués brasileño y también en el de los términos que designan las más variadas prácticas sociales y culturales. La relevancia del papel que desempeña la *mandioca*, por ejemplo, en la alimentación de los brasileños es consecuencia del impacto de la cultura indígena. Incontables nombres de ríos, playas, montañas, islas, ciudades etc. tienen origen tupí, así como los nombres de los estados de Amapá, Goiás, Pará, Paraíba, Paraná, Pernambuco y Sergipe.

Es evidente que una lengua no deja de ser hablada por decreto, por más que haya algún impacto real sobre la vida de los hablantes. Los principales factores históricos que determinaron la desaparición de las lenguas generales son de orden económico. Con el descubrimiento del oro en Minas Gerais, a finales del siglo XVII, la captura de indígenas para la esclavización declinó en favor del envío de grandes contingentes de esclavos negros a las minas. También tuvo lugar una gran migración de portugueses (cerca de 300 mil) hacia Brasil, deseosos de enriquecerse con la explotación del oro. Ciertamente estos hechos favorecieron la expansión del uso del portugués, tanto en su versión europea como en su versión brasileña, que ya venía constituyéndose gracias a los esclavos principalmente.

2.2. Lenguas africanas

Los portugueses, además del pionerismo de haber revelado a los europeos el resto del planeta, también fueron responsables de la reintroducción en la economía moderna de un sistema de producción que había desaparecido en Europa: la esclavitud. En 1552, el diez por ciento de la población de Lisboa estaba formada por esclavos africanos.

Para el estudio de la formación del portugués brasileño, el conocimiento de la historia de la esclavitud es fundamental e ineludible. El elemento africano es, muy probablemente, responsable de muchas de las características gramaticales específicas del PB, características que lo hacen diferente no solo del portugués europeo sino también de las demás lenguas de la familia románica.

Es imposible desconsiderar el impacto de los africanos sobre el PB cuando las fuentes históricas nos informan que durante la mayor parte de la historia colonial de Brasil la población blanca era extremadamente minoritaria, mientras que la población negra y mestiza — sobre todo después del casi exterminio de las naciones indígenas — representaba la amplia mayoría. En la época de la Independencia (1822), más de 2/3 de la población brasileña estaba formada por negros y mestizos. Fue necesario un plan gubernamental de explícito "blanqueamiento de la población", con estímulo a la inmigración europea (alemanes e italianos principalmente), para que la balanza racial de la población comenzara a equilibrarse. Aun así, Brasil es la segunda mayor nación negra del mundo, superado apenas por Nigeria.

La mayoría de los esclavos trasladados a Brasil en la primera fase del tráfico negrero hablaba lenguas del grupo bantú, principalmente *quimbundo*, *umbundo* y *quicongo*, muy emparentadas entre sí y hasta hoy habladas ampliamente en Angola y en otros países vecinos. La contribución lexical de dichas lenguas al PB es notable: estas palabras son empleadas diariamente en Brasil por personas de todas las regiones y de todas las clases sociales. En la segunda fase de importación de esclavos, Brasil recibió hablantes de lenguas del oeste africano, entre las que se destaca el *yoruba*. La influencia del yoruba sobre el léxico brasileño se dio principalmente en el dominio de la religión y de la culinaria y quedó restringida a determinadas regiones, sobre todo al área en torno a Salvador, capital de Bahía, el llamado Recôncavo Baiano.

2.3. Lenguas de inmigración

Poco después de la independencia, el gobierno imperial brasileño estimuló la inmigración europea. Los primeros que llegaron fueron los alemanes (1824), seguidos más tarde por los italianos (1880). Los alemanes se radicaron principalmente en la región Sur (Paraná, Santa Catarina y Río Grande del Sur). Los italianos, además de establecerse allí, también llegaron en gran número al estado de San Pablo (São Paulo) y sus descendientes constituyen, hoy, más de la mitad de la población de ese estado. Brasil cuenta con el mayor número de descendientes de italianos en el mundo. Los alemanes se establecieron principalmente en las zonas rurales, donde conservaron (y aún conservan) sus dialectos de origen. Los italianos también se dedicaron a la agricultura, pero su presencia más significativa fue en el ambiente industrializado urbano de San Pablo. Así, no solo algunos dialectos italianos sobrevivieron en la zona rural, sino que también el portugués brasileño hablado en las zonas urbanas del estado sufrió gran influencia italiana en la fonética y en el vocabulario. El habla considerada típica de la ciudad de San Pablo es un portugués con ritmo y entonación "italianados".

Desde 1908 (y hasta 1973), Brasil fue destino de una gran inmigración japonesa, que también se concentró en los estados de San Pablo y de la región Sur, además de tener una presencia importante en la Amazonia (Pará). Es así que el país cuenta hoy con la mayor población de origen japonés fuera de Japón. La conservación de la lengua en esa comunidad aún es fuerte, pero la tendencia regular es que, ya a partir de la tercera generación, las personas se vuelvan hablantes exclusivas de portugués brasileño, con un conocimiento pasivo de la lengua de sus abuelos.

Muchos otros movimientos inmigratorios ocurrieron en los últimos doscientos años: suizos, españoles, portugueses, polacos, ucranianos, sirio-libaneses, finlandeses etc. Más recientemente, han llegado bolivianos y haitianos en gran número. El impacto de estos movimientos sobre la lengua más usada en Brasil fue, sin embargo, mínimo o nulo.

Hoy, el portugués brasileño es la lengua hegemónica entre los 200 millones de habitantes de Brasil. Cabe señalar, finalmente, que existen hablantes de portugués como lengua materna en el norte de Uruguay y en la provincia de Misiones, en Argentina.

2.4. Variedades del portugués brasileño

Un país tan grande como Brasil, que ocupa más del 60% del territorio total de América del Sur y con más de 200 millones de habitantes, presenta evi-

dentemente una gran variación dialectal. Esta variación se advierte sobre todo en el plano fonético, en la prosodia ("acento") y en el vocabulario. Desde el punto de vista gramatical, el portugués brasileño presenta una notable unidad.

Las diferencias más características son las que se perciben entre el habla del Nordeste y la del Sudeste. Un rasgo sobresaliente de esta diferencia es la pronunciación de las consonantes [d] e [t] delante de la vocal [i]. En el Sudeste, en el Centro-Oeste y en el Sur, principalmente en las grandes concentraciones urbanas, esas consonantes se pronuncian [d͡ʒ] (como la *g* del inglés *ginger*) y [t͡ʃ] (como la *ch* del español *chico*), mientras que en partes del Nordeste suenan como [d] y [t]. Además, en las hablas del Norte y del Nordeste, existe una tendencia a la pronunciación de las vocales [ɔ] y [ɛ] abiertas pretónicas, mientras que en el resto del país las vocales abiertas ocurren casi exclusivamente en sílabas tónicas. Otro rasgo muy conocido es la pronunciación de la consonante [s] en final de sílaba y/o palabra como [ʃ] (*sh* del inglés *shop*) en las zonas costeras, mayormente en las ciudades de Belém, Recife, Río de Janeiro y Florianópolis.

Las grandes ciudades suelen presentar variedades propias, que se distinguen del resto del estado por algunos rasgos característicos. La mayor de todas las metrópolis, San Pablo (con casi 20 millones de habitantes), registra características de pronunciación que distinguen sus modos de hablar de los del interior del estado. Lo mismo vale para Río de Janeiro (12 millones), Belo Horizonte (5,8 millones), Salvador (4 millones) y Recife (3,8 millones).

La pronunciación considerada estándar en Brasil es la que más se aproxima, fonéticamente, a la variedad hablada en la región central del estado de Minas Gerais, desde Belo Horizonte hacia el sur, hasta el límite con el estado de Río de Janeiro. Es esa la variedad que se describe en esta gramática. Aunque sea característica de la región Sudeste, se considera "neutra" por razones históricas y culturales. No presenta la [ʃ], característica, por ejemplo, de la variedad carioca (Río de Janeiro), pero realiza *d* y *t* delante de *i* como [d͡ʒ] y [t͡ʃ], pronunciaciones más difundidas por el país. No tiene las vocales abiertas pretónicas características de la variedad nordestina, presenta la *l* en final de sílaba/palabra como la semivocal [ʊ], y la *r* inicial o en final de sílaba/palabra, así como la *rr* entre vocales, suena como una aspiración blanda [h], más suave que la *j* de *jamón* en español, y más próxima a la *h* de *house* en inglés.

Esa es la pronunciación recomendada, por ejemplo, para la locución en televisión y en radio, así como para el teatro y el cine, cuando los personajes no tienen caracterizaciones regionales muy marcadas.

3. GEOGRAFÍA Y DATOS ESTADÍSTICOS

REPÚBLICA FEDERATIVA DE BRASIL

Área: 8.515.787 km^2

Población: 202.000.000 (estim. 2014)

CAPÍTULO 1

Pronunciación

1.1. Vocales orales y semivocales

VOCALES ORALES		
SONIDO	**EJEMPLOS**	**PRONUNCIACIÓN**
[a]	*pálido/sofá/chá/ave*	español: *raro*
[ɐ]	*casa/vida/batata*	inglés: *again*
[ɛ]	*café/mel/mulher*	inglés: *tell*
[e]	*medo/pêssego/você*	español: *diré*
[i]	*vida/vítima/nível*	español: *vivir*
[o]	*amor/sôfrego/alô*	español: *todo*
[ɔ]	*rosa/cólera/sol*	inglés: *soil*
[u]	*luz/único/baú*	español: *luz*
SEMIVOCALES		
[ɪ]	*pai/oito/jamais*	español: *hay*
[ʊ]	*mau/mal/neutro*	español: *pauta*

1.1.1. La vocal [a], cuando es átona, sobre todo en final de palabra, como en *vida*, se pronuncia de modo más blando que la [a] tónica. Pese a la posibilidad de empleo de un símbolo distinto ([ɐ] en este caso), no lo haremos para no complicar demasiado la transcripción fonética[1].

1.1.2. La oposición entre [ɛ] y [e] y entre [ɔ] y [o] es esencial, ya que distingue palabras que jamás se confunden en el habla de los brasileños. Por ejemplo: *sede*, con [ɛ] ('sede'), y *sede*, con [e] ('sed'). La distinción de género de *avó* y *avô* ('abuela' y 'abuelo') solo se hace posible por la alternancia entre vocal abierta (femenino) y vocal cerrada (masculino). Este tipo de distinción también suele oponer sustantivos (con vocal cerrada) y verbos (con vocal abierta):

SUSTANTIVOS [e]/[o]	VERBOS [ɛ]/[ɔ]
o acerto	eu acerto
o almoço	eu almoço
o aperto	eu aperto
o choro	eu choro
o começo	eu começo
o conserto	eu conserto
o gelo	eu gelo
o gosto	eu gosto
o gozo	eu gozo
o jogo	eu jogo
o namoro	eu namoro
o olho	eu olho
o selo	eu selo
o troco	eu troco
o zelo	eu zelo

[1] En la transcripción fonética, el símbolo ['] precede a la sílaba tónica: *ave* ['avi]/*palavra* [pa'lavra]/*café* [ka'fɛ].

1.1.3. Asimismo algunas palabras de uso frecuente presentan vocal cerrada [o] en singular y vocal abierta [ɔ] en plural:

SINGULAR [o]	PLURAL [ɔ]
caroço	caroços
corno	cornos
corpo	corpos
esforço	esforços
fogo	fogos
imposto	impostos
jogo	jogos
miolo	miolos
morto	mortos
olho	olhos
osso	ossos
ovo	ovos
poço	poços
porco	porcos
porto	portos
povo	povos
reforço	reforços
socorro	socorros
tijolo	tijolos

1.1.4. La oposicición [e] ~ [ɛ] también se presenta en algunos pares de pronombres y distingue el masculino del femenino:

MASCULINO [e]	FEMENINO [ɛ]
ele(s)	ela(s)
este(s)	esta(s)
esse(s)	essa(s)
aquele(s)	aquela(s)

1.1.5. Los adjetivos terminados en *-oso* siempre cambian [o] por [ɔ] en el plural y en el femenino (singular y plural):

[o]	[ɔ]		
MASCULINO SINGULAR	MASCULINO PLURAL	FEMENINO SINGULAR	FEMENINO PLURAL
amoroso	amorosos	amorosa	amorosas
caloroso	calorosos	calorosa	calorosas
cheiroso	cheirosos	cheirosa	cheirosas
perigoso	perigosos	perigosa	perigosas
poderoso	poderosos	poderosa	poderosas
rigoroso	rigorosos	rigorosa	rigorosas

1.1.6. Las vocales [e] y [o] átonas en final de palabra siempre suenan débiles y se reducen a [i] y [u]:

doze	[ˈdozi]	pássaro	[ˈpasaru]
presidente	[preziˈdẽtʃi]	moderno	[moˈdɛhnu]
face	[ˈfasi]	ovo	[ˈovu]
ele merece	[ˈeli meˈrɛsi]	carinho	[kaˈrĩɲu]
telefone	[teleˈfõni]	tudo	[ˈtudu]

1.1.7. En la mayoría de las variedades brasileñas, ocurre la reducción de las vocales [e] y [o] cuando están en sílabas átonas, pero se trata de un fenómeno muy variable:

menino	[miˈninu]
bonito	[buˈnitu]
fogão	[fuˈgãʊ̃]
pequeno	[piˈkẽnu]
comer	[kuˈmeh]
perigo	[piˈrigu]
moeda	[muˈɛda]

1.1.8. Regularmente, en las palabras que comienzan por *es-* o *ex-* seguidas de consonante, dicha sílaba se pronuncia [is-]:

escola	[isˈkɔla]
escrever	[iskreˈveh]
espanhol	[ispãˈɲɔʊ]
especial	[ispesiˈaʊ]
estado	[isˈtadu]
estrela	[isˈtrela]
experimento	[isperiˈmẽtu]

1.1.9. En PB no existen las llamadas consonantes "mudas". Es perfectamente normal la inserción de una vocal [i] entre dos consonantes, con la consecuente creación de una sílaba más:

advogado	[adʒivoˈgadu]
nafta	[ˈnafita]
atmosfera	[atʃimosˈfɛra]
captura	[kapiˈtura]
observar	[obisehˈvah]
pneu	[piˈneʊ]
psicologia	[pisikoloˈʒia]
ritmo	[ˈhitʃimu]

1.2. Vocales nasales

VOCALES NASALES		
SONIDO	EJEMPLOS	PRONUNCIACIÓN
[ã]	*campo/santo/manhã/lã/ano*	No hay equivalentes en español.
[ẽ]	*tempo/vento/lenha/lenda/remo*	
[ĩ]	*lindo/limpo/vinho/assim/hino*	
[õ]	*compra/onda/sonho/bom/lona*	
[ũ]	*cumprir/mundo/cunhado/atum/uma*	

1.2.1. La oposición entre vocales orales y nasales es fundamental porque distingue palabras del PB:

grade	[graˈdʒi]	grande	[grãˈdʒi]
lá	[la]	lã	[lã]
machado	[maˈʃadu]	manchado	[mãˈʃadu]
manchado	[mãˈʃadu]	manchando	[mãˈʃãdu]
mato	[ˈmatu]	manto	[ˈmãtu]
mito	[mitu]	minto	[mĩtu]
mudo	[ˈmudu]	mundo	[ˈmũdu]
si	[si]	sim	[sĩ]
vida	[ˈvida]	vinda	[ˈvĩda]

1.2.2. La presencia de una consonante nasal [m] o [n] después de la vocal tónica suele provocar su nasalización:

eu amo	[eʊ ˈãmu]
impaciente	[ĩpasiˈẽtʃi]
lama	[ˈlãma]
ônibus	[ˈõnibus]
pano	[ˈpãnu]
Roma	[ˈhõma]
romano	[hoˈmãnu]
soma	[ˈsõma]
uma	[ˈũma]
úmido	[ˈũmidu]

1.2.3. Cuando ocurre una secuencia de palabra terminada en [ĩ] + palabra comenzada por vocal, el enlace entre las dos palabras se hace por medio de la consonante [ɲ] (semejante al sonido de la ñ del español):

eu vim agora (ɲ)	[eʊ vĩɲaˈgɔra]
sim ou não (ɲ)	[sĩɲoˈnɐ̃͡ʊ]
assim é bom (ɲ)	[asĩɲɛˈbõ]

1.2.4. Con las palabras terminadas en otras vocales nasales escritas con *-m* y con la vocal escrita *-ã*, nunca se da el enlace con la vocal siguiente:

um ovo	[ũ ˈovu]
com ele	[kõ ˈeli]
maçã argentina	[maˈsã ahʒẽˈtʃĩna]
faltam ainda dez minutos	[ˈfaʊtɐ̃͡ʊ aˈĩda dɛɪz miˈnutus]

1.3. Diptongos orales

DIPTONGOS ORALES	
SONIDO	**EJEMPLOS**
[aɪ]	*raiva/papai*
[aʊ]	*causa/local*
[eɪ]	*rei/leigo*
[ɛɪ]	*anéis/papéis*
[eʊ]	*europeu/feltro*
[ɛʊ]	*céu/fiel*
[iʊ]	*subiu/Brasil*
[oɪ]	*coisa/boi*
[ɔɪ]	*destrói/lençóis*
[oʊ]	*gol/poltrona*
[ɔʊ]	*anzol/volta*

[uʊ]	*azul/multa*
[uı]	*fui/cuidado*
[ʊa]	*guarda/quatro*
[ıa]	*glória/delícia*
[ıi]	*série/espécie*

1.3.1. El diptongo [aı] suele reducirse a [a] delante de X [ʃ]:

baixo	[ˈbaʃu]
caixa	[ˈkaʃa]
faixa	[ˈfaʃa]

1.3.2. El diptongo [eı] se reduce a [e] delante de J, X y R:

beijo	[ˈbeʒu]
brasileiro	[braziˈleru]
cabeleireiro	[kabeleˈreru]
cheiro	[ˈʃeru]
deixar	[deˈʃah]
queijo	[ˈkeʒu]
queixo	[ˈkeʃu]

1.3.3. El diptongo escrito **OU** se reduce a [o] en todas sus ocurrencias:

cantou	[kãˈto]
ouro	[ˈoru]
outro	[ˈotru]
pouco	[ˈpoku]
roubo	[ˈhobu]
roubou	[hoˈbo]
roupa	[ˈhopa]

1.3.4. Los diptongos [ɔʊ] y [oʊ] solo suenan cuando se escriben **OL**:

eu solto	[eʊ ˈsɔʊtu]	vivo solto	[ˈvivu ˈsoʊtu]
eu volto	[eʊ ˈvɔʊtu]	revolto	[heˈvoʊtu]
sol	[sɔʊ]	gol	[goʊ]
ele resolve	[ˈeli heˈzɔʊvi]	eu resolvo	[eʊ heˈzoʊvu]

1.4. Diptongos nasales

DIPTONGOS NASALES	
SONIDO	**EJEMPLOS**
[ãʊ̃]	*pão/cantam*
[ãĩ]	mãe/alemães
[ẽĩ]	bem/alguém
[õĩ]	põe/leões
[ũĩ]	muito/ruindade

1.4.1. Cuando ocurre una secuencia de palabra terminada en [ẽĩ] + palabra comenzada por vocal, el enlace entre las dos palabras se hace por medio de la consonante [**ɲ**]:

bem aqui \ɲ/	[bẽɲa'ki]
nem eu nem ele \ɲ/ \ɲ/	[nẽɲeʊnẽ'ɲeli]
sem amor \ɲ/	[sẽɲa'moh]
também eu \ɲ/	[tãbẽ'ɲeʊ]

1.5. Consonantes

SONIDO	EJEMPLOS	PRONUNCIACIÓN	
[b]	*babá/simbólico/abrir/beber*	español:	*boca*
[k]	*casa/macaco/acabar/coco*	español:	*casa*
[d]	*dado/delicado/dedo/dúvida*	español:	*dato*
[dʒ]	*dia/dificuldade/direto*	inglés:	*joy*
[f]	*fé/fogo/africano/faca*	español:	*fin*
[g]	*gato/agregar/garganta*	español:	*gato*
[h]	*rato/carro/carta/amor*	inglés:	*hot*
[l]	*lua/ali/célula/alegria*	español:	*luna*
[ʎ]	*olho/falha/velho/trabalho*	castellano*:	*calle*
[m]	*mato/amamentar/mímica*	español:	*mar*
[n]	*nada/anel/pena/punir*	español:	*nube*

[ɲ]	*lenha/espanhol/sonho*	español:	*año*
[p]	*pai/papel/publicar/sopapo*	español:	*papel*
[ɾ]	*era/arara/fúria/geral*	español:	*era*
[s]	*sol/tosse/aço/paz/máximo/exceto/ácido/ descer/fóssil*	español americano:	*sol*
[ʃ]	*chá/xadrez/xaxim/achar*	inglés:	*show*
[t]	*tatu/tristeza/tu/até*	español:	*tú*
[tʃ]	*titia/ativo/convite/vítima*	español:	*chico*
[v]	*voto/avenida/volúvel/uva*	inglés:	*very*
[z]	*zebra/azul/casa/rosa/uso*	inglés:	*zap*
[ʒ]	*jovem/gelo/agir/caju/já*	inglés:	*pleasure*

(*) El sonido [ʎ] ya no se escucha en muchas partes de España y de América, sustituido por varios otros sonidos. Se parece a una *l* seguida de una *i*, pero ambas pronunciadas de manera rápida. Es importante subrayar que, para los hablantes urbanos letrados del PB, la realización de ese sonido como una simple [i] es considerada como rural o característica de personas sin educación formal.

Merecen especial atención las consonantes que no existen en el español americano:

[h] → en PB, hay mucha variación en la pronunciación de lo que se escribe R (inicio de palabra o final de sílaba) o RR, pero la pronunciación más difundida es la que se aproxima a la H del inglés *house* o a la J del español *jamón*; en final de palabra suena muy débil, y en la pronunciación relajada puede desaparecer (principalmente en los infinitivos verbales):

- cantar [kã'tah] ~ [kã'ta]
- professor [profe'soh] ~ [profe'so]

[dʒ] → se usa en la mayor parte de Brasil; solo ocurre delante de la vocal [i], que se puede escribir I o E (sobre todo en final de palabra); suena como la J del inglés *joy*:

- desconto [dʒis'kõtu] ~ [deskõtu]
- de verdade [dʒi veh'dadʒi]
- dia ['dʒia]
- idade [i'dadʒi]

[s] → es muy frecuente la inserción de una semivocal [ɪ] después de la vocal tónica seguida de [s] en final de palabra:

- arroz [a'hoɪs]
- ela pôs ['ɛla poɪs]
- ele faz ['eli faɪs]
- francês [frã'seɪs]
- mês [meɪs]

- nós [nɔɪs]
- três [treɪs]
- vez [veɪs]
- vocês [vo'seɪs]

[ʃ] → se escribe con CH o con X y se pronuncia como el dígrafo SH del inglés *show*; nunca se debe confundir con la pronunciación del dígrafo CH español;

[tʃ] → se usa en la mayor parte de Brasil; solo aparece delante de la vocal [i], escrita I o E (sobre todo en final de palabra) y equivale al CH del español *chico*:

- eu parti [eʊ pah'tʃi]
- ritmo ['hitʃimu]
- teatro [tʃi'atru] ~ [te'atru]
- titia [tʃi'tʃia]

[v] → al contrario del español, el PB distingue la [b] de la [v]; esta oposición es fundamental para la distinción de palabras como *boa/voa, bem/vem, botar/votar, bala/vala, bela/vela, rebelar/revelar, vasta/basta, turvar/turbar* etc., que jamás se confunden en el habla de los brasileños;

[z] → al contrario del español, el PB distingue la [s] de la [z]; esta oposición es fundamental para la distinción de palabras como *roça/rosa, caça/casa, poço/pouso, cinco/zinco, aceitar/azeitar* etc., que jamás se confunden en el habla de los brasileños. Esta consonante también ocurre en el enlace entre la [s] final de palabra con la vocal de la palabra siguiente:

as horas mais alegres [a'zɔraz maiza'lɛgris]

os homens espanhóis [uz'õmẽĩz espã'ɲɔɪs]

bons amigos [bõza'migus]

Buenos Aires [buẽnu'zaɪris]

Asimismo, la consonante [s] se convierte en [z] cuando ocurre delante de [b], [d], [g], [m], [n] y [v]:

- esbarrar [izba'hah]
- as duas meninas [az 'duaz me'nĩnas]
- os mesmos gostos [uz 'mezmuz 'gostus]
- nós vamos depois de vocês [nɔz 'vãmuz de'poɪz dʒi vo'seɪs]

1.5.1. La X y sus pronunciaciones

La letra X se pronuncia de distintas formas:

- [ʃ] → la más frecuente:

  Alexandre [ale'ʃãdri]
  faixa ['faʃa]
  lixo ['liʃu]
  luxo ['luʃu]
  mexer [me'ʃeh]
  peixe ['peʃi]
  xícara ['ʃikara]

OBSERVACIÓN: En los grupos escritos *-aix-* e *-eix-* es normal la eliminación de la *i* como en los ejemplos arriba (*peixe, faixa*).

- [z] → solo en el grupo inicial **ex-** seguido de vocal:

  exato [e'zatu]
  exemplo [e'zẽ plu]
  exercer [ezeh'seh]
  exilado [ezi'ladu]
  exultar [ezuʊ'tah]

- [s] → casi solo en las palabras *máximo* ['masimu], *próximo* ['prɔsimu] y derivados; en algunas formas del verbo *trazer* (*trouxe* ['trosi]; *trouxemos*; *trouxeram*; *trouxesse* etc.)
- [ks] → sobre todo en palabras del vocabulario técnico y científico:

  léxico ['lɛksiku]
  maxilar [maksi'lah]
  mixar [mi'ksah]
  prolixo [pro'liksu]
  saxofone [sakso'fõni]
  tóxico ['tɔksiku]

OBSERVACIÓN: También en algunas palabras de empleo más común:

- fixar [fi'ksah]
- táxi ['taksi]
- flexível [fle'ksiveʊ]

1.5.2. Ausencia de ablandamiento

Al contrario de lo que ocurre en español, las consonantes [b], [d] y [g] en PB no sufren ablandamiento cuando se encuentran entre vocales o delante de

[r] (español: *aca**b**ar, ver**d**a**d**es, a**g**re**g**ar*) y siempre se pronuncian como [b], [d] y [g] fuertes:

ESPAÑOL	PORTUGUÊS BRASILEIRO
ACABAR [aka'βar]	ACABAR [aka'bah]
VERDADES [ber'δaδes]	VERDADES [veh'dadʒis]
AGREGAR [aɣre'ɣar]	AGREGAR [agre'gah]

1.6. Diferencia de sílaba tónica entre español y PB

1.6.1. Existen muchas palabras semejantes en español y PB que presentan diferencia en la **sílaba tónica**. Entre ellas destacamos las siguientes (con la sílaba tónica del PB señalada en negrita):

acade**mi**a	imbe**cil**
álcool	**ím**par
aler**gi**a	li**mi**te
al**guém**	ma**gi**a
ane**do**ta	me**dí**ocre
ane**mi**a	micro**fo**ne, tele**fo**ne etc.
aneste**si**a	**ní**vel
asfi**xi**a	nostal**gi**a
atmos**fe**ra	oce**a**no
burocra**ci**a, democra**ci**a etc.	oxi**gê**nio, hidro**gê**nio etc.
buro**cra**ta, demo**cra**ta etc.	**pân**tano
cangu**ru**	perife**ri**a
cani**bal**	po**lí**cia
cérebro	pro**tó**tipo, estere**ó**tipo etc.
diploma**ci**a	psico**pa**ta
elo**gi**o	re**gi**me
epide**mi**a	**rép**til
Flórida	sin**to**ma
fo**bi**a	tera**pi**a
ga**ú**cho	**têx**til
he**rói**	

1.6.2. Cabe señalar también que los verbos terminados en **-iar** reciben en PB la acentuación tónica en la **i** y no en la sílaba anterior, como en español, así que las formas del presente del indicativo son:

ACARICIAR	acaricio, acaricia, acariciam
AGENCIAR	agencio, agencia, agenciam
APRECIAR	aprecio, aprecia, apreciam
AUXILIAR	auxilio, auxilia, auxiliam
CREDENCIAR	credencio, credencia, credenciam
DENUNCIAR	denuncio, denuncia, denunciam
EVIDENCIAR	evidencio, evidencia, evidenciam
GERENCIAR	gerencio, gerencia, gerenciam
INICIAR	inicio, inicia, iniciam
NEGOCIAR	negocio, negocia, negociam
POLICIAR	policio, policia, policiam
PRESENCIAR	presencio, presencia, presenciam
PRONUNCIAR	pronuncio, pronuncia, pronunciam
RENUNCIAR	renuncio, renuncia, renunciam
SILENCIAR	silencio, silencia, silenciam
VIVENCIAR	vivencio, vivencia, vivenciam

1.6.3. En consecuencia, se crean pares de palabras con acentuación y clase gramatical diferentes. Nótese que los sustantivos siempre tienen acento gráfico en la vocal de la sílaba tónica:

SUSTANTIVO	VERBO
o auxílio	eu auxilio
a denúncia	ele denuncia
a evidência	ela evidencia
a gerência	ele gerencia
o negócio	eu negocio
a pronúncia	ele pronuncia
a renúncia	ela renuncia
o silêncio	eu silencio
a vivência	ele vivencia

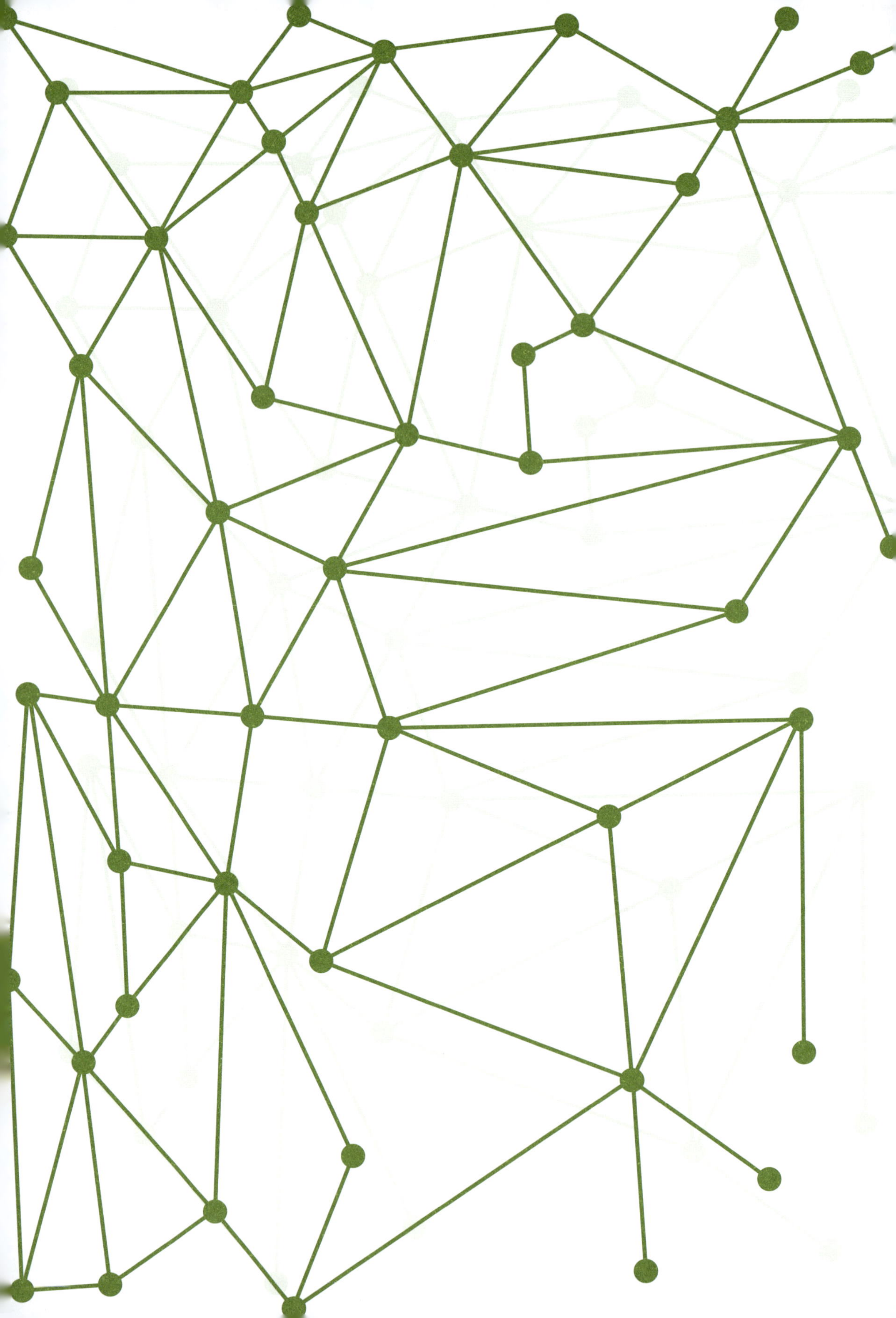

CAPÍTULO 2

Pronombres personales

2.1. Pronombres personales

Persona	Sujeto	Objeto directo	Objeto indirecto	
			Sin preposición	Con preposición
1ª sing.	eu	me	me	mim
2ª sing.	tu	te lhe	te lhe	ti
	você	você te lhe		você
	o senhor	o senhor o lhe	lhe	o senhor
	a senhora	a senhora a lhe		a senhora
3ª sing.	ele	ele o ø	lhe	ele
	ela	ela a ø		ela
1ª plur.	nós	nos	nos	nós
	a gente	a gente		a gente
2ª plur.	vocês	vocês os, as	lhes	vocês
3ª plur.	eles	eles os ø	lhes	eles
	elas	elas as ø		elas

2.1.1. *Tu/você*

El pronombre **tu** tiene su uso restringido a ciertas regiones de Brasil y ha sido reemplazado en el habla común brasileña por el pronombre **você**.

2.1.2. *O(s) senhor(es) — a(s) senhora(s)/vocês*

Los pronombres **o senhor/a senhora** se emplean cuando se habla con personas mayores o como señal de respeto o formalidad. Sin embargo, las formas plurales **os senhores/as senhoras** se emplean muy raramente y han sido sustituidas por **vocês**.

- Que temas atuais *o senhor* considera importantes e que deveriam ser submetidos a plebiscito no Brasil?
- Bem, quando *a senhora* terminar de atender as alunas, eu falo com *a senhora*.
- Prezados colegas, com *vocês* aprendi que amizade, dedicação e profissionalismo são essenciais no trabalho.
- Gente, copiem o que *vocês* gostaram só depois de lerem tudo. Depois *vocês* vão apresentar isso na aula.

2.1.3. *Você (ocê/cê)*

2.1.3.1. El pronombre **você**, además de referirse a la persona con quien se habla, es la forma más empleada para indicar *indeterminación*, es decir, para hablar de las personas en general, sin una referencia específica (similar al *se* indeterminado del español hablado o escrito):

- Hoje, *você* não vê mais crianças brincando na calçada como na minha infância.
- Por exemplo, se *você* subir o salário mínimo para 100 dólares, em poucas semanas já não são mais 100 dólares, com uma inflação de 44 % ou 45%.

2.1.3.2. ***Ocê/cê*** **:** el pronombre **você**, en la función de sujeto, suele reducirse a **cê** (plural: **cês** [seɪs]) en el habla espontánea. En algunas regiones también ocurre la forma **ocê**.

- Aonde *cê* vai? Pra escola?
- Eu queria que *cê* descrevesse pra mim como vocês trabalhavam com tradução na disciplina.
- *Cê* quer ser um caçador de profissão? Se quiser, *ocê* me diga.

2.1.4. *A gente/nós*

2.1.4.1. El pronombre **a gente** es el más empleado para designar la 1ª persona del plural, pese a que su uso aún se considera informal. En las situaciones más formales se emplea **nós**. Sin embargo, las formas **nos/conosco** son de uso muy raro en el habla; cuando se trata de objeto directo o indirecto, se prefiere la forma **a gente**:

- Cada um de *nós* só pode oferecer o que tem, foi a resposta do sábio.
- Quando *a gente* tá na pior, conta com quem? Com os amigos, é claro.

- Olha, semana que vem *nós* temos um encontro pra *gente* conversar e tal, tá?

2.1.4.2. En textos escritos más formales, la *-s* de las formas verbales correspondientes a **nós** se suprime cuando los pronombres **-lo(s)/-la(s)** y **-nos** se usan en posición posverbal:

- Fizemos uma revolução democrática. Politicamente, *realizamo-la* com o voto secreto e livre.
- *Deixamo-nos* guiar pela máxima de Goethe: "Só aquilo que é fecundo é verdadeiro".

2.1.5. *Ele(s)/o(s)/ø — ela(s)/a(s)/ø*

2.1.5.1. Los pronombres **o/a/os/as** ya no pertenecen a la lengua espontánea brasileña y los usan únicamente las personas con acceso a la educación formal. Su empleo se restringe a los textos escritos formales. Para referirse a la 3ª persona, los brasileños

- o bien usan las formas **ele/ela/eles/elas**:
  - Zé Coco do Riachão é um músico brasileiro importante. Conheci *ele* em Montes Claros.
  - Eu comprei um terreno aqui no interior por três mil, mas já vendi *ele* pra um parente.
- o bien no emplean ningún pronombre (ø):
  - Trabalhei um teatrinho musical com os alunos de 1ª série e eles adoraram ø.
  - Eu comprei um terreno aqui no interior por três mil, mas já vendi ø pra um parente.

2.1.5.2. En las oraciones imperativas, el empleo de **ele/ela/eles/elas** es prácticamente categórico:

- O Pedro já chegou? *Chama ele* pra mim, por favor.
- Para de incomodar a Aninha! *Deixa ela* em paz!
- Não quero falar com esse rapaz! *Mande ele* embora!

2.1.6. *Lo(s)/-la(s), -no(s)/-na(s)*

2.1.6.1. Cuando los pronombres **o/a/os/as** siguen a un infinitivo verbal, la R del infinitivo se suprime y los pronombres adoptan las siguientes formas:

- o → -lo: comprá-lo; vendê-lo; assumi-lo; compô-lo
- a → -la: procurá-la; esquecê-la; preferi-la; atraí-la

- os → -los: comprá-los; vendê-los; assumi-los; compô-los
- as → -las: procurá-las; esquecê-las; preferi-las; atraí-las

2.1.6.2. Nótese que, en estas combinaciones, la vocal final del infinitivo se acentúa gráficamente:

- o, e → acento circunflejo
  - O novo sistema de crédito permitiu a milhares de famílias comprar carros. Antes elas não conseguiam *fazê-lo* por causa de suas rendas.
- a → acento agudo
  - Há mais de 10% de brasileiros e brasileiras que necessitam de tratamento diferenciado e sem preconceito. Devemos *ajudá-los* e *respeitá-los*.
- i → acento agudo, pero solo después de otra vocal (en hiato)
  - Chegaram os novos móveis para as salas de aula. Vamos começar a *distribuí--los* amanhã.

2.1.6.3. Cuando siguen a una forma verbal terminada en M, estos pronombres adoptan las siguientes formas:

- o → -no: compraram-no; vendiam-no; assumissem-no
- a → -na: comprem-na; faziam-na; preferiram-na
- os → -nos: compraram-nos; vendiam-nos; assumissem-nos
- as → -nas: comprem-nas; faziam-nas; preferiram-nas
  - Divergências ideológicas *levaram-no* a abandonar a política.
  - As denúncias estão sendo feitas. As três maiores revistas semanais *colocaram-nas* como matéria de capa.
  - Quando adotavam elementos de uma cultura estrangeira, às vezes os índios simplesmente *acrescentavam-nos* aos elementos de sua própria cultura.

2.1.7. *Você/te/lhe*

2.1.7.1. El pronombre **você** incorporó las formas oblicuas tradicionales asignadas a **tu** y a la 3ª persona, y así hay diversas posibilidades de formas para los objetos directos e indirectos.

Objeto directo:

- Se *você* quiser ir comigo, eu *te* levo.
- Se *você* quiser ir comigo, eu *lhe* levo.
- Se *você* quiser ir comigo, eu levo *você*.

OBSERVACIÓN: El empleo de **lhe** como objeto directo se restringe al habla informal de algunas variedades regionales.

Objeto indirecto:

- Sabe o dinheiro que *você* me emprestou? Amanhã vou *te* devolver.
- Sabe o dinheiro que *você* me emprestou? Amanhã vou *lhe* devolver.
- Sabe o dinheiro que *você* me emprestou? Amanhã vou devolver pra *você*.

2.1.7.2. Sin embargo, la correspondencia más difundida es **você → te**.

- *Você* entendeu direitinho o que eu *te* ensinei.
- *Você* não se lembra, mas eu *te* conheci no carnaval.

2.1.7.3. Cuando empleado en el habla, la forma **lhe** siempre se refiere exclusivamente a **você**.

- *Você* aprendeu muito mais do que *lhe* ensinaram, disse o monge.
- Simplesmente precisava *lhe* dizer como seus livros foram importantes na minha vida!

2.1.8. *Você(s) - o(s)/a(s)*

El uso de **o/a/os/as** para referirse a **você(s)** denota mucha formalidad y ocurre únicamente con los infinitivos verbales:

- É um prazer *recebê-lo*.
- Foi muito bom *encontrá-la*.

2.1.9. *Ele(s)/ela(s) — lhe(s)*

2.1.9.1. Como objeto indirecto de la 3ª persona del singular (**ele/ela**), **lhe** ocurre en los textos escritos más formales.

- A estudante compareceu à secretaria da faculdade, onde *lhe* foram entregues os formulários.
- Ele é um artista genial e um ser humano sempre pronto a ajudar quando *lhe* pedem algo.
- Isabel é modelo e tem 18 anos. Determinação e coragem é o que não *lhe* falta.

2.1.9.2. En el habla y en los textos escritos menos formales, suele emplearse, en la indicación del objeto indirecto, la preposición **para** o **a** seguida de pronombre:

- Vocês já entregaram os formulários *pra ele*?
- Nosso ex-chefe era difícil de agradar e ficamos sem saber o que daríamos *a ele* no seu aniversário.

Sin embargo, también en textos escritos formales se puede encontrar tal uso de las preposiciones seguidas de pronombre.

2.1.9.3. La forma plural **lhes** no ocurre jamás en el habla, se usa solamente en textos escritos:

- Os cães têm liberdade de andar pela casa e de dormir no quarto do casal quando assim *lhes* apetece.
- As pessoas gostam da rotina porque a rotina *lhes* dá a sensação de segurança.

2.1.10. Inexistencia de combinación de pronombres

2.1.10.1. Al contrario de lo que ocurre en español, **jamás se usan en PB combinaciones de pronombres** objeto directo y objeto indirecto (como *me lo, te la, se los* etc.). Normalmente, en el lenguaje hablado, el objeto directo se omite y el objeto indirecto se indica con la preposición **a** o **para** (más común) seguida del pronombre:

- Compré este libro para Daniel, pero *no voy a dárselo antes* de su cumpleaños.
- Comprei esse livro pro Daniel, mas só vou dar *pra ele* no aniversário.

2.1.10.2. En textos escritos formales, el pronombre objeto directo se expresa, pero el objeto indirecto permanece enunciado con la preposición **a** o **para** seguida del pronombre:

- Los periodistas le pidieron una explicación al ministro, pero él dijo que no *se la* daría.
- Os jornalistas pediram uma explicação ao ministro, mas ele disse que não *a* daria *para eles*.

2.1.11. Pronombres con la preposición *com*

Cuando la preposición es **com**, los pronombres adoptan las siguientes formas:

- **mim → comigo**
  - Eu tava super triste e ela queria saber o que que tava acontecendo *comigo*. (tava = estava)
- **ti → contigo**
  - Estou saindo agora pra aula.
— Ah, espera aí que eu vou *contigo*!
  - Oi, Elisa, tudo bem *contigo*?
- **si → consigo**
  - Ele fala em voz alta *consigo* mesmo, quando está sozinho.
  - A geografia tem como objeto de estudo o homem e suas relações com a natureza e *consigo* mesmo.

Observación: En los usos hablados en general y en los escritos menos formales, se suelen emplear **com ele(ela) mesmo(a)/próprio(a)**, en lugar de **consigo**:

- O texto é um monólogo do personagem *com ele mesmo*.
- De modo geral, a preocupação maior de uma empresa é *com ela própria* e com seu lucro.

- **nós → conosco**
  - Estamos entrando no século XXI e carregamos *conosco* uma infinidade de artefatos relativos à tecnologia da informação.

2.1.12. Pronombres reflexivos y verbos pronominales

PERSONA	SUJETO	REFLEXIVO/ OBJETO DIRECTO
1ª sing.	**eu**	**me**
2ª sing.	**tu**	**te**
	você	**se**
	o senhor	
	a senhora	
3ª sing.	**ele**	**se**
	ela	
1ª plur.	**nós**	**nos**
	a gente	**se**
2ª plur.	**vocês**	**se**
3ª plur.	**eles**	**se**
	elas	

2.1.12.1. De los cuatro pronombres reflexivos, **me/te/nos** son iguales a los pronombres objeto directo, en cambio **se** es exclusivamente reflexivo. Estas formas se utilizan cuando coinciden el sujeto y el objeto (voz reflexiva):

- A criança adora *se* fantasiar e ficar na frente do espelho brincando de ser pessoas diferentes.
- Com esse novo aparelho, até hoje ainda não *me* cortei e eu faço a barba seis vezes por semana.

- O remédio só é indicado para um determinado tipo de insônia — quando a pessoa *se* deita mais cedo do que o normal e não consegue pegar no sono.

2.1.12.2. Cuando el sujeto es plural o compuesto, la idea es de acción recíproca ("uno al otro"):

- Taís e o namorado *se* telefonam diariamente.
- Dicas aos turistas interessados em visitar a Cidade Maravilhosa: os brasileiros demonstram suas emoções e *se* abraçam nas ruas; as mulheres *se* cumprimentam com dois beijinhos (nas bochechas).

2.1.12.3. Las formas **me/te/se/nos** se emplean también con los **verbos pronominales**, es decir, los que se construyen en todas sus formas con un pronombre átono que concuerda con el sujeto y que no desempeña ninguna función sintáctica oracional:

- O novo assistente social *se* chama João.
- Eu não fumo, mas não *me* incomodo que fumem perto de mim.
- — Trouxe um presentinho de aniversário.
  — Ah, obrigada. Não precisava *se* incomodar.
- Sou um dos políticos que mais sofreu investigações nos últimos anos — queixou-*se* o senador.

2.1.12.4. En PB los pronombres reflexivos solo se emplean en las situaciones descritas anteriormente. No se usan, como ocurre muy frecuentemente en español, con valor afectivo y acompañados de los pronombres objeto, como en los ejemplos siguientes:

ESPAÑOL	PORTUGUÉS BRASILEÑO
¿**Te lo** vas a comer todo?	Você vai comer tudo?
¡No **te lo** vas a creer!	Você não vai acreditar!
Ese cuento ya **me lo** sé de memoria.	Essa história já sei de cor.
¿A Pedro? ¡No **me lo** banco!	O Pedro? Não suporto!

2.2. Colocación de los pronombres objeto

2.2.1. La regla única

En el habla brasileña contemporánea existe solo una regla de colocación de los pronombres objeto: **la próclisis al verbo principal**, es decir, el pronombre *antes del verbo principal:*

REGLA ÚNICA	SITUACIÓN	EJEMPLO
Los pronombres objeto siempre preceden al verbo principal (subrayado en los ejemplos).	EN MEDIO DE LA FRASE	O curso de música me ensinou que com poucos objetos se faz música. Hoje, a floresta nativa se resume a 95.000 km^2, menos de 10% do que era em 1500.
	AL COMIENZO DE LA FRASE	Me incomoda muito o comportamento de Ana. Te encontro amanhã, então, depois do almoço.
	AUXILIAR + INFINITIVO	O ganhador do prêmio deve nos procurar nos próximos dias, mas garantiremos sua privacidade. Eu poderia me alimentar só de frutas e legumes.
	AUXILIAR + PARTICIPIO	Eu tenho ido à televisão fazer uns programas, ajudar um pessoal que tem me pedido pra fazer propaganda de sucos.
	AUXILIAR + GERUNDIO	Flor Graciosa, porém, estava se aborrecendo por estar sozinha e começou a andar pelas salas do castelo. Finalmente! Estava te esperando faz um tempão.
	IMPERATIVO	Se vire pra eu ver como ficou a saia! Me explica melhor essa história!

2.2.2. Reglas normatizadas

2.2.2.1. Sin embargo, las gramáticas normativas aún presentan reglas de colocación pronominal para la escritura formal que no corresponden a los usos habituales del PB, sino a lo que ocurre en el portugués europeo o en el lenguaje literario clásico. Así, las personas más letradas evitan empezar frases con pronombres objeto, dejándolos en posición enclítica, es decir, *después* del verbo principal:

- Procure os verbos no texto e *classifique-os* quanto ao tempo e modo.
- Se você tem alguma sugestão a fazer, *deposite-a* na urna.
- Em uma panela, misture o açúcar, o mel e o amendoim (para retirar a pele, *coloque-o* num pano de prato e esfregue).

2.2.2.2. Hay también prescripciones relativas a la colocación de los pronombres objeto en *mesóclisis,* cuando el verbo se encuentra en los tiempos *fu-*

turo simple y *condicional* (este último llamado *"futuro do pretérito"* en la gramática normativa):

- *Dever-se-ia* planejar ações para difundir os princípios éticos dos direitos de propriedade intelectual, inclusive na internet.
- Se houvesse maior preocupação com a adequação do ensino às necessidades do mercado, *poder-se-ia* preparar mão de obra qualificada.
- Para as vagas permanentes no ensino superior, *exigir-se-á* concurso de títulos e provas.

Cuando los pronombres se encuentran en medio o después de la forma verbal, se emplea un guión (llamado *hífen* en PB). La mesóclisis, no obstante, jamás se emplea en la lengua hablada, y en la escritura tiende a ser evitada (o incluso prohibida, como ocurre en los medios de comunicación contemporáneos). Su empleo se considera burlesco (en el sentido de que es tan raro que mueve a la risa).

2.3. Pronombres personales y verbos causativos y sensitivos

HABLA COMÚN BRASILEÑA	TEXTO ESCRITO FORMAL
O professor sempre **deixa *eu* entregar** o trabalho atrasado.	O professor sempre ***me* deixa entregar** o trabalho atrasado.
Marina **fez *ele* ver** o quanto estava errado.	Marina ***o* fez ver** o quanto estava errado.

Con los verbos causativos/sensitivos **mandar, fazer, sentir, deixar, ouvir, ver** (entre otros), seguidos de infinitivo o gerundio, se emplean normalmente los pronombres sujeto **eu, tu, ele/ela, eles/elas**; en cambio, en los textos escritos formales se usan los pronombres objeto directo (**me, te, o/a, nos, os/as**).

- O guarda de trânsito disse que mandou *eu* parar o carro, mas eu entendi que podia seguir.
- Depois que se separou, a Márcia anda muito triste. Qualquer bobagem faz *ela* chorar.
- Um pianista de primeira, contagiante, envolvente. Ouvi-*o* tocar várias vezes.

La fórmula muy común **deixa eu ver** ('déjame ver') se contrajo a *xovê* [ʃo've] o a *dexovê* [deʃo've].

En el modo imperativo, las construcciones más frecuentes son

- *Me* deixa entrar, por favor!
- Deixa *eu* entrar, por favor!

mientras que la construcción prevista en la gramática normativa (*Deixe-me entrar!*) suena pedante o artificial al oído de los brasileños.

2.4. Construcciones con el pronombre *se*

2.4.1. El verbo en singular

En PB, incluso entre las personas más letradas, el pronombre **se** se emplea como *sujeto indeterminado* y, por consiguiente, el verbo se mantiene en *singular*:

Aqui **se vende** livros em espanhol.
↓
[*alguien; la gente*]

Tal uso se verifica desde hace muchos años en la mejor literatura del país. La gramática normativa, sin embargo, interpreta las construcciones con **se** como de voz pasiva, y por ello continúa exigiendo la concordancia del verbo con el objeto directo. Aun así, se trata de una regla cada vez menos seguida y solo ocurre en los textos escritos más formales.

- Reações adversas: até o momento não *se* observaram reações adversas com a dose recomendada.
- Depois de formado, eu pretendo fazer pesquisas sobre substâncias com que *se* fabricam remédios *etc.*

2.4.2. *Se* como sujeto de infinitivos

Otra construcción común con el pronombre **se** es la que lo presenta como sujeto del infinitivo verbal, sobre todo después de una preposición. En este caso, es frecuente la ausencia del pronombre:

- Não é *difícil de entender*: a rede mundial permite que os clientes acompanhem, de sua casa ou do escritório, toda a movimentação do mercado de ações.
- Futebol é *difícil de se entender* e tudo pode acontecer.
- Anotando, fica mais *fácil de fazer* depois, porque essa receita tem muitos detalhes.
- Implementar mudanças no sistema econômico não é uma tarefa *fácil de se fazer.*
- Que dia bom pra pescar!

2.5. Formas de indeterminación del sujeto

Además de **você** (2.1.3) y **se** (2.4), existen otras maneras de indicar la indeterminación del sujeto:

2.5.1. Verbo en la 3ª persona del plural

Como en español, cuando el verbo se usa en la 3ª persona del plural, sin la presencia de un sujeto explícito y sin una palabra o expresión anterior que pueda actuar como sujeto, este se interpreta como indeterminado, es decir, no se explicita el agente de la acción, porque no se conoce o no interesa enunciarlo:

- *Dizem* que os macacos são animais brincalhões e bagunceiros.
- Não sei se *vão* ter coragem de derrubar esse parque e construir um *shopping*.
- Espero que um dia *descubram* a cura do câncer.

2.5.2. *Eles* sin palabra/expresión antecedente

El pronombre de 3ª persona plural **eles** también se emplea para indicar indeterminación (con el sentido de "las personas en general", "la gente"), pero eso solo es posible cuando no hay palabra ni expresión anterior que pueda ser retomada por el pronombre:

- As frutas que nós temos aqui têm nomes diferentes em outras regiões, né? Por exemplo, no Norte *eles* têm uma variedade de frutas imensa, mas são muitas frutas selvagens, que *eles* tiram da mata...

2.5.3. Verbo en la 3ª persona del singular

En el habla espontánea, se emplea el verbo en la **3ª persona del singular**, sin pronombre sujeto, para indicar indeterminación. Es un uso muy frecuente en preguntas:

- Onde é que *guarda* as compras?
- *Pode* estacionar aqui?
- Por favor, como é que *faz* pra chegar no correio?
- Como é que *tira* mancha de esmalte da roupa?
- Na livraria da faculdade, *vende* esse livro também.

2.6. Inclusión de la 1ª persona

En PB no se hace la concordancia verbal, muy frecuente en español, entre un sujeto de 3ª persona del plural y el verbo en la 1ª persona del plural, como ocurre en *"Las mujeres sufrimos todavía mucha discriminación"*, cuando el hablante se incluye en el grupo mencionado. Para hacerlo, un hablante de PB empleará el pronombre **nós**, seguido de un sustantivo o una expresión que explique quienes son las personas.

- *Nós*, (as) mulheres, ainda sofremos muita discriminação.

CAPÍTULO 3

Verbos

3.1. La conjugación verbal

3.1.1. Las tres conjugaciones

Existen tres conjugaciones verbales, que se distinguen por sus terminaciones en el infinitivo:

- 1ª conjugación → ***-ar***
- 2ª conjugación → ***-er***
- 3ª conjugación → ***-ir***

El verbo **pôr** (y sus derivados: *depor, compor, supor* etc.) se incluye en la 2ª conjugación por motivos históricos (proviene del gallego-portugués arcaico *poer*).

	FALAR	COMER	PARTIR
eu	**falo**	**como**	**parto**
tu	**falas**	**comes**	**partes**
você o senhor a senhora ele ela a gente	**fala**	**come**	**parte**
nós	**falamos**	**comemos**	**partimos**
vocês eles elas	**falam**	**comem**	**partem**

3.1.2. Diferencias de conjugación entre español y PB

Hay algunos verbos semejantes en las dos lenguas que pertenecen a conjugaciones distintas en español y en PB:

2ª CONJ. EN PB
abat**er**
bat**er**
combat**er**
conceb**er**

3ª CONJ. EN PB
atra**ir**
compel**ir**
contra**ir**
demol**ir**

debat**er**
diz**er**
eleg**er**
escrev**er**
morr**er**
perceb**er**
pervert**er**
rebat**er**
receb**er**
remet**er**
rend**er**
requer**er**
sofr**er**
transcorr**er**
viv**er**

distra**ir**
expel**ir**
extra**ir**
impel**ir**
possu**ir**
repel**ir**
retra**ir**
subtra**ir**

3.1.3. Explicitación del pronombre sujeto

La coincidencia de formas verbales para distintas personas del discurso ha llevado a los brasileños a enunciar casi siempre el pronombre sujeto para evitar confusiones o ambigüedades. De hecho, la forma **fala** puede referirse a la 2ª sing. (*você, o senhor, a senhora*), 3ª sing. (*ele, ela*) y 1ª plur. (*a gente*); al igual que **falam** a la 2ª plur. (*vocês*) y 3ª plur. (*eles, elas*). Así, a diferencia del español, del italiano y del portugués europeo, en PB la forma verbal no puede, por sí sola, identificar al sujeto.

Asimismo, en algunos tiempos verbales, como el imperfecto, hay solamente una forma para la 1ª sing., la 2ª sing. y la 3ª sing., por lo que la presencia del sujeto se hace necesaria:

- Quando *ele* voltava e *eu* perguntava se tinha conseguido pescar alguma coisa, *ele* sempre respondia que não.

3.2. Tiempos verbales del modo indicativo

MODO	TIEMPOS	EJEMPLO (2ª P. SING.)
INDICATIVO	**PRESENTE**	
	presente simple presente continuo	**você fala** **você está falando**
	PASADO	
	perfecto simple perfecto compuesto	**você falou** **você tem falado**
	imperfecto simple imperfecto continuo	**você falava** **você estava falando**
	pluscuamperfecto simple pluscuamperfecto compuesto	**você falara** **você tinha falado**
	FUTURO	
	futuro simple futuro con *ir* futuro compuesto	**você falará** **você vai falar** **você terá falado**
	condicional simple[1] condicional compuesto	**você falaria** **você teria falado**

3.3. *Ter* y *haver*

3.3.1. Auxiliares

Los verbos auxiliares **ter** y **haver** actúan en la formación de los tiempos compuestos. Se pueden emplear en los tiempos pluscuamperfecto compuesto y condicional compuesto, del modo indicativo, y en los tiempos futuro compuesto, perfecto y pluscuamperfecto del modo subjuntivo.

Así y todo, el verbo **ter** es prácticamente el único utilizado en el habla común:

- — Escuta, você *tem encontrado* o Davi?
  — Não, ele está morando na França.
- Fiquei muito feliz ao ler a notícia no jornal. O filme *tinha conquistado* por aclamação a Palma de Ouro.
- — Você sabia que meu primo *tinha mudado* de curso na universidade?
  — Claro que não. Se eu soubesse, já *teria contado* pra você.

[1] Las gramáticas normativas del portugués llaman a este tiempo verbal *futuro do pretérito*. Por motivos didácticos, elegimos usar el mismo término de la gramática del español (y también del italiano y del francés): condicional.

- Se eu *tivesse conseguido* juntar dinheiro, hoje eu poderia tirar férias e viajar.
- Espero que você *tenha sido aprovado* no concurso.

El verbo **haver** se emplea en textos escritos formales y solo para formar el pluscuamperfecto compuesto del indicativo:

- No final do ano passado, os cientistas afirmaram que a força do campo magnético *havia aumentado* na cidade.
- Naquela semana, os ministros *haviam tomado* importantes decisões econômicas.

3.3.2. Impersonales

Los verbos **ter** y **haver** también se emplean como *impersonales*, siempre en la 3ª persona del singular (corresponden al *haber existencial* del español). En tal uso, el verbo **haver** ocurre raramente, superado por **ter**. Su empleo se restringe al lenguaje escrito formal:

- *Tem* gente que não dá a mínima pra coisas caras e chiques.
- Hoje não *tem* aula?
- Ainda *tem* muita família vivendo com um salário mínimo.
- Não *há* dados até o momento com relação à superdosagem dessa medicação.

3.3.3. Expresión de tiempo

Ter y **haver** también se emplean para la *expresión impersonal de tiempo transcurrido*, acompañados de palabras y locuciones indicadoras de tiempo. Dicho uso también es compartido por el verbo **fazer** (como en español: *hacer*). En estas construcciones, los verbos se emplean únicamente en la **3ª persona del singular**:

- Já *tem* duas semanas que eu rolo na cama e não durmo. Fico só pensando em como vai ser minha vida a partir de agora.
- *Tinha* tempo que a gente não se via e, quando ela apareceu, fiquei muito feliz e nos demos um grande abraço.
- Eu tinha chegado em São Paulo *fazia* uma semana quando recebi a notícia de que meu projeto tinha sido selecionado.
- O Brasil é um país independente *há* 191 anos.
- *Faz* um mês que o filme foi lançado.

3.3.3.1. Há ... (atrás)/atrás

En la expresión de algo que ocurrió en el pasado sin continuación en el presente se emplea normalmente el adverbio **atrás**:

Eu <u>moro</u> em Manaus **há** trinta anos. → verbo en *presente*

Eu me <u>mudei</u> para Manaus **há** trinta anos [atrás]. → verbo en *perfecto*

También es posible emplear solamente el adverbio **atrás:**

Eu me <u>mudei</u> para Manaus trinta anos **atrás**.

3.4. Presente simple

El presente simple se emplea para indicar acciones, estados y situaciones generales o universales, independientes del tiempo, como en:

- O Brasil *tem* um litoral extenso, banhado pelo oceano Atlântico, de cerca de 5.900 km.
- Em Brasília *chove* muito no mês de janeiro.
- *Sou* brasileira, mas meu pai *é* alemão e *mora* em Berlim.
- Eu *toco* sax e *gosto* de jazz.

O habituales, reiteradas:

- Quando *chove* muito, os meninos *brincam* de barquinho de papel porque a rua *fica* inundada.
- Todo dia *corro* quatro quilômetros.
- A Câmara *faz* uma sessão por semana.

Además, se puede emplear para indicar acciones, estados y situaciones *futuras*, como en:

- O time de vôlei *chega* amanhã de Buenos Aires.
- O bolo *fica* pronto em dez minutos.
- Na próxima aula eu *trago* o livro pra você.

Y también puede usarse en relatos del *pasado*:

- No início de março de 1500, Pedro Alvares Cabral *parte* com sua frota e, em 22 de abril, *chega* ao Brasil.
- Estava observando o ninho há dias, esperando os passarinhos nascerem, quando, de repente, *chega* um rapaz desconhecido e *pega* os ovinhos.

3.5. Presente continuo

Con el auxiliar **estar** seguido del **gerundio** del verbo principal se forma el **presente continuo**, que se emplea para indicar acciones, estados y situaciones que transcurren en el momento del habla:

- Por que você *tá me olhando* desse jeito? Tá com raiva de mim?
- Amor, o que que cê *tá fazendo*? Cê pode ir comigo no mercado?
- Não *estou entendendo*. Você *está sendo* irônico?

También se puede emplear el presente continuo en lugar del presente simple para indicar hechos frecuentes o situaciones consideradas por el locutor como (un poco) más estables:

- Marcos *está viajando* muito esse ano.
- Eu agora *estou morando* mais perto da universidade.
- *Estou gostando* muito do trabalho da nova estagiária.
- Já *estou adorando* o Brasil e pretendo ficar mais tempo por aqui.

Y puede usarse, incluso, para expresar una acción que va a ocurrir en un futuro cercano:

- Amanhã eu *tô indo* pra Belém. Vou dar um tempo na praia.
- Pode deixar, filho, que eu não vou me atrasar. Daqui a pouco eu *tô saindo.*

Observación: Por ser de empleo muy frecuente, el verbo **estar** se reduce, en el habla espontánea, a formas sin la primera sílaba ***es-***, incluso en el infinitivo, que se pronuncia normalmente ***tá***:

• eu	**tô/tive/tava** etc.
• você/ele/a gente	**tá/teve/tava** etc.
• vocês/eles	**tão/tiveram/tavam** etc.

3.6. Perfecto simple y compuesto

Hay una diferencia muy nítida en el uso del **perfecto simple** y del **perfecto compuesto**. El tiempo simple indica una acción iniciada y concluida en el pasado, sin prolongación en el presente. El tiempo compuesto indica una acción iniciada en el pasado y que prosigue en el presente. Al contrario de lo que ocurre en español, las dos formas jamás se confunden en PB y no son intercambiables:

— Eu **vi** o Augusto na universidade.

●

pasado

— Eu **tenho visto** o Augusto na universidade.

\- - - - - - - - - - - - - - →

pasado *presente*

En las construcciones en pasado, es muy frecuente el empleo de **adverbios de tiempo.** Con el *pasado simple* se usan adverbios que denotan acción puntual, concluida; en cambio, con el *pasado compuesto* los adverbios denotan continuación o frecuencia, repetición de la acción:

- Ontem meu filho mais novo *encontrou* outro filhote de gato abandonado na rua e *trouxe* pra casa.
- Nas últimas eleições, alguns políticos *mostraram* que não estão sintonizados com a opinião pública.
- A temperatura mais baixa, no último final de semana, *ocorreu* em São Joaquim, no Sul do país.
- *Tenho tentado* me aperfeiçoar cada vez mais na música.
- E aí, o que você *tem feito* ultimamente?
- O senhor *tem tomado* os remédios desde a cirurgia?

3.7. Imperfecto

3.7.1. Usos

El **imperfecto** se emplea en la enunciación de hipótesis y en la expresión de deseos, pedidos, consejos etc. (véase 3.7.3). También se usa en los siguientes casos:

Acciones y estados de cosas habituales, que se repiten en el pasado:

- Quando eu era criança, meu avô me *levava* ao Maracanã em seu ombro.
- Antigamente os eleitores *recebiam* uma lista de nomes num envelope e *marcavam* no papel. Hoje a urna é eletrônica.
- Toda noite meu pai *cantava* pra mim e eu sempre *queria* ouvir a mesma canção. Eu *insistia* e ele *cantava* três ou quatro vezes.
- A gente *tinha* aula particular três vezes por semana e *treinava* bem a língua porque *falava* espanhol o tempo todo.
- Durante muito tempo eu tinha mania de mascar chicletes depois do almoço.

Acciones y estados de cosas que se pasan al mismo tiempo que otra(s):

- Enquanto *tomava* café da manhã, *lia* o jornal.

- Enquanto *fazia* dieta, ia para a academia fazer exercícios e ainda *fazia* natação.

Estado o calidad que ha durado cierto período de tiempo (idea de continuación):

- Até 1822, o Brasil *era* uma colônia de Portugal.
- Essa espécie de dinossauro *vivia* nas estepes da Argentina.
- — E, aí, já se mudou?
  — Já, sim. Pois é, *estava* cansado daquela vida corrida.

Descripciones de personas o lugares, en el pasado, que se utilizan, en general, para crear el ambiente/escenario de las acciones, especialmente en textos literarios:

- O quintal da casa *tinha* muitas árvores, *era* um lugar tranquilo, bom para ficar deitado no chão pensando ou até dormindo.

3.7.2. Imperfecto y perfecto

El **imperfecto** suele emplearse junto al **perfecto** en la descripción de acciones y estados de cosas, caracterizándolos como no acabados (imperfecto) o acabados (perfecto):

Fazia muito frio quando nós **desembarcamos** em Buenos Aires.

Quando eu **nasci,** o Rio de Janeiro ainda **era** a capital do Brasil.

3.7.3. Imperfecto y condicional

Actualmente en muchas situaciones de uso se puede emplear indistintamente el imperfecto o el condicional. Sin embargo, de modo general, el imperfecto es de uso más común en el habla espontánea.

3.7.3.1. Construcción de hipótesis

Para la formulación de hipótesis, el **imperfecto** se emplea muy normalmente en lugar del condicional (véase 3.18).

3.7.3.2. Expresión de deseos, pedidos, sugerencias etc.

En estos casos, de manera general, se usa el imperfecto, pero también aparece el condicional.

- Simone, você *podia* me arrumar um pouquinho de açúcar?
- Eu *queria* ter dinheiro pra comprar um carro novo.
- Bife de novo! Não *dava* pra você fazer um peixinho de vez em quando?
- Você *poderia* cuidar da casa, enquanto nós estamos na mina, trabalhando — propôs o anão mais velho.

Observación: Con el verbo **gostar**, se emplea siempre el condicional:

- *Gostaria* de falar com a diretora da escola.
- O cantor disse que *gostaria* de gravar um disco de samba.
- *Gostaria* de poder usar o computador nas minhas aulas.

3.7.3.3. Intención

- Eu *ia* viajar de férias, mas fiquei sem dinheiro.
- Desde então, vivia sozinho no Brasil. Ele *iria* se aposentar em junho, estava tudo certo, mas achou melhor continuar no cargo de diretor.

3.7.3.4. Consejo, sugerencia

- Você *devia* escrever ao diretor do jornal, reclamando da matéria que envolve seu nome.
- A educação *devia* ser o componente principal da política do governo, direcionada à população carente.
- *Deveríamos* escolher melhor nossa profissão.

3.7.3.5. Información reportada

Cuando se reporta una información dada por otra persona o institución sobre algo que ocurrió en el pasado, es decir, una información sobre la que no hay certidumbre o confirmación concreta, se emplea el condicional simple. Tal uso se da principalmente en textos periodísticos y tecnocientíficos:

- Segundo a prefeitura, cerca de 600 pessoas *estariam* no local quando houve a explosão.

También se puede emplear el imperfecto, en cuyo caso se trasmite mayor grado de certeza:

- Segundo a polícia local, o bilhete *estabelecia* ligações com o caso, tese corroborada por um promotor que já havia começado a investigação.

3.7.4. Imperfecto continuo

Al igual que el presente continuo, el **imperfecto continuo** se construye con el verbo **estar + gerundio** y sirve a la expresión de una acción en curso o de un estado de cosas continuo en el período de tiempo descrito:

- Há dez anos, os três filhos *estavam sendo* treinados para substituir os pais na direção da empresa.
- Os convidados finalmente *estavam chegando,* e isso deixava a dona da casa muito aliviada e feliz.

Combinado con el perfecto, su uso es semejante al del imperfecto [3.7.2]:

- A adolescente *estava colocando* a maquiagem para ir à festa, quando *recebeu* um telefonema de uma amiga dizendo que a festa tinha sido cancelada.
- Eu *estava vendo* televisão quando a Madalena *chegou*.
- Paulo *estava trabalhando* nos Correios, mas *pediu* demissão.

3.8. Pluscuamperfecto simple y compuesto

El **pluscuamperfecto simple** (*falara, comera, partira*) es de empleo muy escaso y solo aparece en los textos escritos formales. El **pluscuamperfecto** con el auxiliar ***haver*** es más frecuente, pero también se restringe a los textos escritos formales. En el habla diaria las dos formas han sido reemplazadas por la forma compuesta con el auxiliar **ter** (*tinha falado*), que ya empieza a usarse en textos escritos:

- Eu já *tinha dito* pra ele que era uma ótima oportunidade de emprego.
- Quando cheguei em casa, percebi que *tinha deixado* minha chave com a vizinha. Sorte minha, pois ainda não estava tão tarde.
- A partir da análise, constatou-se que o consumo de eletricidade anual médio *tinha aumentado* em várias cidades.
- Aos 18 anos, ele já *havia produzido* três peças de teatro sobre a realidade brasileira.
- A comissão *produzira* um mapa com a projeção do quadro de diretores da futura gestão da empresa.

Observación: Unas pocas formas antiguas del pluscuamperfecto sobreviven como interjecciones cristalizadas:

- *Quem me dera* saber falar espanhol como você! (= 'me gustaría mucho')
- Tô morto de sono! Também, *pudera*, acordei antes das seis da manhã! (= 'no sorprende')
- *Tomara* que não chova hoje! (= 'ojalá')

3.9. FUTURO SIMPLE Y CON EL VERBO *IR*

El **futuro simple** (*falará, comerá, partirá*) casi no se usa en el habla cotidiana, y ha sido reemplazado por el **futuro** formado por el verbo ***ir*** **+** infinitivo:

- Dona Tânia, pra levantar essa parede, a senhora *vai ter* que comprar vários sacos de cimento e areia, além dos tijolos.
- O mundo *vai precisar,* cada vez mais, de madeira, e a madeira é insubstituível.

OBSERVACIÓN: No se emplea la preposición ***a*** después del verbo ***ir***, como ocurre en español ('voy a viajar' → *vou viajar*).

OBSERVACIÓN: Normalmente se evita esta construcción de futuro con los verbos ***ir*** y ***vir*** ('venir'), y su empleo se considera incorrecto, aunque ocurra con alguna frecuencia. Para la expresión del futuro de estos verbos, se usa de manera general el presente simple del indicativo:

- Combinei com o Pedro, meu primo, que semana que vem *vou* na casa dele.
- Quando é que seus pais *vêm* mesmo?

3.9.1. Expresión de duda o incertidumbre

El **futuro simple** suele usarse en construcciones que denotan duda o incertidumbre:

- *Será* que algum dia haverá uma reforma eleitoral no nosso país?
- Nesse momento de recessão, o que *farão* os vendedores ambulantes?
- Por onde *andará* o Júnior, meu primeiro namorado?

3.10. FUTURO COMPUESTO

El futuro compuesto, formado por el verbo auxiliar **ter +** participio, se emplea en la escritura formal. En el habla, se suele usar la locución con el verbo **ir**, de modo semejante al futuro simple.

- Para o time, só falta o título de campeão brasileiro. Aí ele *terá derrotado* todos os seus adversários e recuperará o carinho da torcida.
- O número de vítimas do tabaco nesta década poderá atingir 30 milhões de pessoas. Em cinquenta anos, se a situação continuar como está, o fumo *vai ter matado* mais gente do que algumas guerras da história.

3.11. Gerundio

3.11.1. Construcciones

3.11.1.1. El **gerundio** se emplea generalmente para describir una acción *simultánea y del mismo sujeto* a la descrita por el otro verbo de la oración:

O paciente **tem** que seguir as orientações do médico, **respeitando** sempre os horários, as doses e a duração do tratamento.

3.11.1.2. Sin embargo, también se puede emplear el **gerundio** para designar acciones simultáneas *de sujetos distintos*:

— Você já ouviu a Janete **cantando**?

3.11.1.3. Con verbos impersonales, el gerundio se puede usar sin indicar simultaneidad de acción:

- Hoje em dia, tem muito mais gente **estudando** espanhol no Brasil.
- Antigamente havia poucas mulheres **exercendo** cargos políticos.
- Será que ainda existem pessoas **usando** máquinas de escrever?

3.11.1.4. El **gerundio** actúa también en la expresión de *circunstancias* de tiempo o modo:

- **Chegando** em casa, você me telefona, ok? → *tiempo*
- Sérgio entrou na sala **gritando** com todo mundo. → *modo*

3.11.1.5. Y es de uso común en las formulaciones *condicionales*:

- **Continuando** a agir assim, você nunca vai conseguir o respeito das outras pessoas.

3.11.1.6. Las acciones simultáneas también se pueden expresar con la locución formada por la preposición **a + INFINITIVO**. Si bien esta construcción caracteriza muy marcadamente a los hablantes del portugués europeo, todavía ocurre en textos brasileños escritos formales:

- Passei muito tempo *a esperar* uma resposta ao meu pedido.
- Fiquei *a me perguntar* se deveria ou não falar, neste momento, ao Plenário.

Observación: Con esa construcción, existe el idiotismo "ficar a ver navios", que significa "no obtener lo que se esperaba" o "haber perdido la buena ocasión":

- Os países que não acompanharam o avanço tecnológico *ficaram a ver navios*.

3.11.1.7. Los verbos en su forma de gerundio también funcionan como **sustantivos** o **adjetivos**:

- Você ainda não terminou de preencher o **memorando**? → *sustantivo*
- O baile dos **formandos** em Medicina vai ser no Clube Naval. → *sustantivo*
- É preciso fritar os bolinhos em óleo **fervendo**. → *adjetivo*
- Essa fumaça me deixou com o olho **ardendo**. → *adjetivo*

3.12. Subjuntivo

El subjuntivo es el modo verbal que está relacionado con acciones, procesos o estados considerados como hipotéticos, dudosos, posibles o deseados. La hipótesis, la duda, la posibilidad o el deseo se expresan en la oración principal, lo que hace que el subjuntivo se emplee generalmente en oraciones subordinadas (véase 10.2).

- <u>É provável</u> que **chova** amanhã.
- <u>Eu duvido</u> que Marta **apareça** na reunião.
- <u>Nós queríamos</u> muito que você **viajasse** com a gente.

3.12.1. Tiempos del subjuntivo

SUBJUNTIVO	presente	**[que] você fale**
	perfecto	**[que] você tenha falado**
	imperfecto	**[que/se] você falasse**
	pluscuamperfecto	**[que/se] você tivesse falado**
	futuro simple	**[quando/se] você falar**
	futuro compuesto	**[quando/se] você tiver falado**

3.12.1.1. Todos los tiempos del **subjuntivo** se emplean normalmente en PB, incluso en el habla espontánea.

3.12.1.2. El **futuro del subjuntivo** se emplea sobre todo cuando la hipótesis futura está introducida por las conjunciones **quando** o **se:**

- Quando você *estiver* pronto, pode começar a falar.
- Se o candidato não *puder* efetuar a matrícula pessoalmente, poderá fazê-la por procuração.
- Só vamos poder começar o trabalho quando a Sônia *tiver chegado*.
- Eu vou ficar muito triste se o Davi não *tiver gostado* do meu presente.

3.12.1.3. A excepción del futuro simple y del futuro compuesto, los demás tiempos del subjuntivo se combinan con la conjunción ***caso***, que suele usarse en textos más formales (véase 3.18, hipótesis, y 10.2.3.2, oraciones subordinadas condicionales):

- Interromper imediatamente o uso desse produto, **caso** *ocorram* manifestações alérgicas na pele.
- **Caso** *tenha perdido* o passaporte, procure o consulado de seu país.
- **Caso** ela *tivesse sobrevivido* ao acidente, talvez fosse hoje uma das maiores jogadoras de basquete do Brasil.

3.12.2. Algunas expresiones que introducen el subjuntivo

Al igual que en español, en PB son varias las palabras/expresiones que imponen el uso del subjuntivo, a saber, verbos que expresan posibilidad, deseo, duda, preferencia y obligación; enunciados con la estructura ***é* + ADJETIVO + *que***; adverbios (*talvez*) y conjunciones o locuciones conjuntivas (*embora, mesmo que* etc.). También impone el subjuntivo la locución con la interjección *tomara* (*tomara que*) (español: 'ojalá').

NOCIÓN	PRESENTE	IMPERFECTO
POSIBILIDAD	**Talvez** ela venha	**Talvez** ela viesse
	Pode ser que ela venha	**Podia ser que** ela viesse
	É provável que ela venha	**Era provável que** ela viesse
	É possível que ela venha	**Era possível que** ela viesse
DESEO	**Eu desejo/Tomara que** ela venha	**Eu desejava que** ela viesse
	Eu quero que ela venha	**Eu queria/gostaria** que ela viesse
	Eu espero que ela venha	**Eu esperava que** ela viesse
DUDA	**Eu duvido que** ela venha	**Eu duvidava que** ela viesse
	Eu não acho que ela venha	**Eu não achava que** ela viesse
	Eu não creio/acredito que ela venha	**Eu não acreditava que** ela viesse

OBLIGACIÓN	É preciso/necessário/obrigatório que ela venha	Era preciso/necessário/obrigatório que ela viesse
PREFERENCIA	Eu prefiro que ela venha	Eu preferia que ela viesse
CONJUNCIONES Y LOCUCIONES CONJUNTIVAS		
CONCESIÓN	Embora ela venha	Embora ela viesse
	Mesmo que ela venha	Mesmo que ela viesse
	Ainda que ela venha	Ainda que ela viesse
	Desde que ela venha	Desde que ela viesse
FINALIDAD	Para que ela venha	Para que ela viesse
	A fim de que ela venha	A fim de que ela viesse

3.12.2.1. Obsérvese que, con el verbo **achar** en afirmación, el verbo de la oración siguiente va en el modo indicativo:

- Eu acho que vai chover.
- Eu *não* acho que vá chover.

3.13. Imperativo

PERSONA	AFIRMATIVO	NEGATIVO
você [tu]	fala/fale	não fala/não fale
nós	vamos falar falemos	não vamos falar não falemos
vocês	falem	não falem

3.13.1. *Você* y *tu*

Las formas imperativas de la 2ª persona (*você* o *tu*) presentan una distribución regional en Brasil: la forma **fala** caracteriza a los hablantes de las regiones Sudeste y Sur (Minas Gerais, São Paulo, Rio de Janeiro, Paraná, Rio Grande do Sul etc.), mientras que la forma **fale** caracteriza principalmente el habla de las regiones Norte y Nordeste (Amazonas, Pará, Bahia, Pernambuco, Ceará etc.). De todos modos, un mismo hablante puede emplear *fale* y *fala* alternadamente en su habla espontánea.

3.13.2. *Nós*

Las formas clásicas del imperativo de la 1ª persona del plural (*falemos, cantemos, digamos* etc.) no se emplean en el habla común brasileña, pero aparecen en textos escritos formales. La construcción habitual del imperativo es el verbo **vamos** seguido de infinitivo: *Vamos falar! Vamos cantar! Vamos trabalhar!* En el habla espontánea la *-s* final de *vamos* suele elidirse, así como la *-r* del infinitivo: *Vamo falá! Vamo cantá! Vamo trabalhá!*

3.14. El infinitivo conjugado

3.14.1. Formas

Las formas del **infinitivo conjugado** (o **flexionado**) coinciden con las del *futuro del subjuntivo* en los verbos regulares, pero no en los verbos irregulares (véase el Anexo IV):

FUTURO DEL SUBJUNTIVO	INFINITIVO CONJUGADO
[quando] eu fizer	[para] eu fazer
[quando] tu fizeres	[para] tu fazeres
[quando] você fizer	[para] você fazer
[quando] ele/ela fizer	[para] ele/ela fazer
[quando] nós fizermos	[para] nós fazermos
[quando] vocês fizerem	[para] vocês fazerem
[quando] eles/elas fizerem	[para] eles/elas fazerem

3.14.2. Usos

El empleo del infinitivo conjugado es de difícil sistematización. Ni siquiera las gramáticas normativas han logrado definir sus usos "correctos". Con verbos causativos y sensitivos [2.3], por ejemplo, tanto se puede flexionar el infinitivo como dejarlo sin flexión:

- Logo cedo começaram a reclamar, mas a mãe *mandou* os meninos **calar(em)** a boca porque de hotel quem entendia era ela.

Sin embargo, la presencia de la preposición *para* (con sentido de *finalidad, objetivo*) suscita esta forma verbal:

- Para *concluirmos* o projeto, vamos precisar de mais dinheiro.
- É preciso que você fale mais devagar para eles te *entenderem*.

Y en las locuciones verbales, el verbo principal permanece, obligatoriamente, en el infinitivo sin flexión, así como ocurre en español:

- Os pacientes *devem informar* ao médico caso apresentem alguma forma de alergia às penicilinas.

- Os pais *precisam conversar* com os filhos adolescentes sobre preservativo, Aids e outras doenças sexualmente transmissíveis.

3.15. Diferencias en el uso de los verbos *ser* y *estar*

Aunque las dos lenguas dispongan de los verbos **ser** y **estar**, sus empleos no coinciden integralmente. Hay que atender sobre todo a las siguientes diferencias:

ESPAÑOL	PORTUGUÉS BRASILEÑO
La casa está hecha de madera oscura.	A casa **é feita** de madeira escura.
Milena es linda, pero, ¡es una lástima!, está casada.	A Milena é linda, mas, que pena, ela **é casada**.
Estoy loco por tí /vos.	Eu **estou louco** por você. [*pasión súbita y reciente*] Eu **sou louco** por você. [*pasión antigua y duradera*]
Debería estar prohibido estudiar los domingos.	Deveria **ser proibido** estudar no domingo.

3.15.1. *Estar com*

En PB, el verbo **estar** se emplea seguido de la preposición **com** para indicar sensaciones (físicas y psicológicas) y sentimientos, en construcciones en las que el español suele emplear el verbo *tener*:

- Já passa de uma hora, por isso eu *estou com tanta fome*!
- Eu *estava com medo* de perder o avião.
- O José não vem porque *está com dor de cabeça.*
- Eu *tô com a impressão* que vai chover muito hoje.
- Por que você *tá com vontade* de mudar de emprego?
- A Regina ainda *está com raiva* da gente?

3.15.2 *Estar para*

En PB, la combinación **estar para + infinitivo** expresa algo que está a punto de ocurrir (*español*: 'estar por'):

- O trem *estava pra* sair quando eu cheguei na estação.

3.16. Construcciones en la voz pasiva

3.16.1. *Ser* + participio pasado

- A casa **foi vendida** no ano passado.
- Nosso país **é presidido** por uma mulher.
- O estádio **será inaugurado** pelo prefeito.

Al contrario de lo que ocurre en español, no se emplean en PB las construcciones que la gramática española llama *pasivas reflejas*, es decir, las que se construyen en el orden **SUJETO + se + VERBO.** Esto se explica porque el hablante de PB interpreta el pronombre **se** o bien como un sujeto indeterminado o bien como un pronombre reflexivo, y jamás como un índice de voz pasiva. En tales casos, la forma empleada es la voz pasiva con **SER** + PARTICIPIO PASADO:

ESPAÑOL	PORTUGUÉS BRASILEÑO
Esos coches se fabrican **en China.**	Esses carros **são fabricados** na China.
El gimnasio se construirá **con el apoyo de empresas privadas.**	O ginásio **será construído** com o apoio de empresas privadas.
Todavía no se han encontrado **vestigios del avión desaparecido.**	Ainda não **foram encontrados** vestígios do avião desaparecido.
El partido se decidirá **en los últimos minutos.**	A partida **será decidida** nos últimos minutos.
El español se habla **en más de 20 países.**	O espanhol **é falado** em mais de 20 países.

3.17. Verbos con doble participio

Varios verbos presentan dos participios pasados, uno regular y el otro, irregular. Los más empleados son:

INFINITIVO	PART. REGULAR	PART. IRREGULAR
aceitar	aceitado	aceito
acender	acendido	aceso
eleger	elegido	eleito
entregar	entregado	entregue
envolver	envolvido	envolto
enxugar	enxugado	enxuto

expressar	expressado	expresso
exprimir	exprimido	expresso
expulsar	expulsado	expulso
extinguir	extinguido	extinto
findar	findado	findo [uso raro]
ganhar	ganhado	ganho
gastar	gastado	gasto
imprimir	imprimido	impresso
isentar	isentado	isento
juntar	juntado	junto
limpar	limpado	limpo
matar	matado	morto
morrer	morrido	morto
pagar	pagado	pago
pegar	pegado	pego ([e] ou [ɛ])
prender	prendido	preso
salvar	salvado	salvo
soltar	soltado	solto
suspender	suspendido	suspenso

Los participios **irregulares** se han convertido en *adjetivos* y, por ello, se emplean sobre todo con los auxiliares **ser/estar/ficar**, con los cuales forman la **voz pasiva**. A su vez, los participios **regulares** se usan para la formación de los tiempos compuestos con los auxiliares **ter/haver**, en la **voz activa**. Los participios regulares, en los tiempos compuestos, son *invariables*, mientras que los participios irregulares, como adjetivos, *varían en género y número*:

+ VERBO ⟵	⟶ + ADJETIVO
auxiliar: TER/HAVER **voz:** ACTIVA **participio:** REGULAR	**auxiliar:** SER/ESTAR/FICAR **voz:** PASIVA **participio:** IRREGULAR
Ana **tem pagado** seus impostos em dia.	Os impostos de Ana **foram pagos** em dia.
Dora **havia gastado** sua poupança naquela viagem.	A poupança de Dora **foi gasta** na viagem.
Rita **tinha ganhado** um bom dinheiro traduzindo.	Esse dinheiro **foi ganho** com traduções.
Até as 5 horas **teremos imprimido** as cópias.	As cópias já **estavam impressas** às 4 horas.
A empresa **tem suspendido** a compra de dólares.	**Ficam suspensas** as compras de dólares.

3.18. La expresión de las hipótesis

Para la formulación de hipótesis, es importante observar los tiempos verbales que se emplean en la oración principal y en la subordinada.

3.18.1. Hipótesis real o potencial

La relación temporal en las construcciones de hipótesis real o potencial es la siguiente:

Futuro del subjuntivo (*pagar*)	(1) **Presente simple del indicativo (*tem*)** (2) Futuro con *ir* (*vai ter*) (3) Futuro simple (*terá*)

- Se **pagar** essa conta antes do vencimento, você **tem** 10% de desconto.
- Se **pagar** essa conta antes do vencimento, você **vai ter** 10% de desconto.
- Se **pagar** essa conta antes do vencimento, você **terá** 10% de desconto.

3.18.2. Hipótesis irreal en el presente

La relación temporal en las construcciones de hipótesis irreal en el presente es la siguiente:

Imperfecto del subjuntivo (*tivesse*)	(1) **Imperfecto del indicativo (*comprava*)** (2) Condicional simple (*compraria*) (3) Imperfecto de *ir* + infinitivo (*ia comprar*)

- Se eu **tivesse** mais dinheiro, eu **comprava** um carro maior.
- Se eu **tivesse** mais dinheiro, eu **compraria** um carro maior.
- Se eu **tivesse** mais dinheiro, eu **ia comprar** um carro maior.

3.18.3. Hipótesis irreal en el pasado

La relación temporal en las construcciones de hipótesis irreal en el pasado es la siguiente:

Pluscuamperfecto del subjuntivo (*tivesse chovido*)	(1) **Pluscuamperfecto del indicativo (*tinha chegado*)** (2) Condicional compuesto (*teria chegado*) (3) Imperfecto de *ir* + *ter* + participio (*ia ter chegado*)

- Se não **tivesse chovido** tanto, a gente **tinha chegado** na hora marcada.
- Se não **tivesse chovido** tanto, a gente **teria chegado** na hora marcada.
- Se não **tivesse chovido** tanto, a gente **ia ter chegado** na hora marcada.

3.19. Estilo indirecto

Se llama **estilo indirecto** al modo de reproducir en un discurso las palabras ajenas transformándolas en oraciones subordinadas. Para ello, es necesario observar las correlaciones temporales de los verbos:

ESTILO DIRECTO	ESTILO INDIRECTO
Eu **gosto** de jogar futebol — disse Eduardo.	Eduardo **disse** que **gosta** de jogar futebol.
Eu me **encontro** com você no cinema às 8 horas — disse Eduardo.	Eduardo **disse** que se **encontraria** com Mônica no cinema às 8 horas.
Eu **estou indo** pra casa — disse Eduardo.	Eduardo **disse** que **estava indo** pra casa.
Eu **vou me encontrar** com você no cinema às 8 horas — disse Eduardo.	Eduardo **disse** que **ia se encontrar** com Mônica no cinema às 8 horas.
Eu me **encontrei** com a Mônica no cinema às 8 horas — disse Eduardo.	Eduardo **disse** que **tinha se encontrado** com a Mônica no cinema às 8 horas.

Cuando se trata de preguntas, las correlaciones temporales de los verbos son las mismas, pero se emplea la conjunción **se**, en lugar de **que:**

Mônica, você vai no cinema às 8 horas? — perguntou Eduardo.	Eduardo **perguntou** a Mônica se ela **ia** no cinema às 8 horas.

3.20. Locuciones verbales

Una **locución verbal** es una secuencia de verbos que se ha fijado para expresar sentidos específicos. Son locuciones verbales las que forman los tiempos compuestos presentados más arriba, pero hay otras que merecen atención. Las locuciones verbales pueden expresar, por ejemplo, el inicio de una acción o estado de cosas (*começar, começar a*), su término (*acabar, acabar de, terminar de*), o entonces que se tiene el hábito (*costumar*), la obligación (*ter de/que*) o la necesidad (*necessitar, precisar*) de hacer algo, entre otras posibilidades.

VERBO + GERUNDIO	
acabar	A comemoração **acabou acontecendo**.
andar	**Ando pensando** em viajar nas férias de julho.
começar	A professora **começou falando** sobre os pais.
continuar	O país **continua crescendo** e **atraindo** investimentos estrangeiros.
ficar	A babá **ficou cuidando** das crianças no final de semana.
permanecer	Minha tia mais velha **permaneceu vivendo** com os pais.
seguir	Marcos **segue trabalhando** com tradução.
terminar	Os músicos **terminaram chegando** tarde da noite no hotel.
vir	Minha família **vem gastando** muito.
viver	Minha vizinha **vive viajando** para a Europa.
VERBO + INFINITIVO	
conseguir	O médico **conseguiu chegar** a tempo para fazer a cesárea.
costumar	A garota **costumava caminhar** todos os dias até a escola.
necessitar	O país **necessita qualificar** profissionais mais adequados às exigências da realidade atual.
parecer	Maria **parece saber** de tudo.
passar a	Como o mestre só usava roupas brancas, o discípulo **passou a vestir-se** da mesma maneira.
precisar	No trabalho, é **preciso dar** o melhor de si.
saber	Ao final do curso, você **vai saber formatar** e salvar textos.
VERBO + PREPOSICIÓN + INFINITIVO	
acabar de	Além de ser atriz, ela **acabou de gravar** um CD.
acostumar-se a	Os alunos **se acostumaram a acordar** cedo.
começar a	Eu ia sair quando **começou a chover**.
deixar de	Não vou **deixar de brigar** pelos meus direitos.
desistir de	O político já anunciou que **desistiu de concorrer** à reeleição no ano que vem.
habituar-se a	Ninguém **se habitua a conviver** com o autoritarismo.
parar de	Hoje me sinto bem melhor porque **parei de fumar.**
pegar a	Ana **pegou a falar** e não parou.
pôr-se a	Quando ouviu a batucada, **se pôs a sambar**.
ter de/que	As palavras proparoxítonas **têm que ser** acentuadas.
terminar de	Depois da enchente, a prefeitura **terminou de demolir** a ponte.

3.20.1. *Dever, poder, querer* + infinitivo

3.20.1.1. Al igual que en español, en PB se emplean los verbos **dever, poder** y **querer** seguidos de infinitivo:

- A gramática **deve sair** do papel para a prática.
- Antes de tomar uma decisão difícil, é bom saber exatamente com quem **podemos contar**.
- Muitos falantes de espanhol **querem aprender** português brasileiro.

3.20.1.2. Hay que notar que en PB, a diferencia de lo que ocurre en español, no se emplea la preposición *de* después del verbo *deber*, salvo en el habla rural de ciertas regiones. La locución se construye, como en los ejemplos dados, con **dever + infinitivo**.

3.20.1.3. La locución **pode ser [que]** introduce siempre el modo **subjuntivo**:

- **Pode ser que** os hábitos alimentares da família *estejam* ruins e, por isso, as crianças estejam obesas.
- **Pode ser que** o telefone celular já *tenha provocado* mudanças culturais muito mais profundas do que se imagina.

La locución **pode ser** funciona como respuesta a preguntas que implican duda, hesitación o consentimiento no muy seguro (equivale a 'tal vez', 'quizás'):

- — Será que eu esqueci a chave de casa no balcão da loja?
  — Pode ser.
- — Você acha que ela vem?
  — Pode ser.

3.21. Verbos y preposiciones

Los verbos tienen en PB y en español construcciones muy semejantes. En este capítulo listamos solamente algunos de los más frecuentes, sobre todo los verbos pronominales [2.1.12] y los que actualmente presentan cambios en el empleo de las preposiciones. No se incluirán todos los usos de cada verbo, sino los más comunes.

Una observación importante: en el PB hablado, la preposición **a** ha cedido muchos de sus usos a la preposición **para** (o a la preposición **em**), así que con verbos como *dar, pedir, perguntar, falar, dizer, telefonar* etc. la construcción habitual es con la preposición **para**.

3.21.1. *A*

En los casos en los que la preposición **a** es opcional, la construcción más frecuente es sin preposición. El empleo del verbo con la preposición se encuentra en los textos escritos más formales.

- **agradar (a)**
  - Quando dou minha opinião, não me preocupo em *agradar* ninguém.
- **agradecer (a)**
  - *Agradeço* você pela visita.
- **aspirar (a)**
  'desear'
  - Muitos brasileiros *aspiram* um emprego público.
- **assistir (a)**
  'presenciar, ver'
  - *Assisti* o jogo de tênis todinho, apesar de ter durado mais de três horas.

  'dar asistencia'
  - O médico e a enfermeira *assistiram* o doente prontamente.
- **atrever-se a + infinitivo**
  - Como você *se atreve a* entrar no meu quintal e pegar meus tomates?
- **custar a + infinitivo**
  - Quando estamos sem fazer nada, a hora *custa a* passar.
- **desobedecer (a)**
  - Não devia ter *desobedecido* o médico.
  - Ele é acusado de *desobedecer a* uma decisão judicial. → (escritura formal)
- **dirigir-se a**
  - A carta se *dirigia aos* funcionários da empresa.
- **limitar-se a**
  - Os estrangeiros descobriram que a cozinha brasileira não se *limita à* feijoada e aprenderam a saborear o nosso camarão na moranga.
  - Os estrangeiros não se *limitam a* provar os pratos tradicionais brasileiros.
- **obedecer (a)**
  - O melhor a fazer é *obedecer* o médico.
  - O processo deve *obedecer às* fases previstas. → (escritura formal)
- **preferir a/preferir (mais) do que**
  - *Prefiro* documentários *do que* novelas.
  - *Prefiro* cinema *a* teatro. → (formal)

- **responder (a)**
  - Infelizmente não consegui *responder* todas as perguntas.
- **satisfazer (a)**
  - O currículo do engenheiro *satisfez* as exigências da empresa.

3.21.2. *A/com*

- **acostumar-se com algo/a + infinitivo**
  - Nós nunca vamos *nos acostumar com* impostos altos.
  - É preciso que os alunos *se acostumem a* procurar a ajuda do professor e dos colegas.

3.21.3. *A/em*

- **chegar em/a + lugar**
  - Quando foi que você *chegou em* Fortaleza?
  - Depois de muito viajar, o imigrante finalmente *chegou a* Porto Alegre.
- **vir em/a + algum lugar**
  - Acho que nunca *vim nessa* loja antes.
  - O ministro *veio ao* Rio de Janeiro inaugurar a obra.

3.21.4. *A/em/para*

- **ir em/para/a**
  - *Vou no/pro/ao* cinema.
  - *Vou na/pra/à* reunião.
  - Hoje não *vou a* lugar nenhum.

Atención:
— Vou *para/pra* casa (= a mi casa).
— Vou *na/pra/à* casa do meu amigo.

3.21.5. *A/para*

- **dar algo a/para alguém**
  - Sempre *dou* gorjetas *pros* garçons.
- **dizer algo a/para alguém**
  - Ele ficou decepcionado e *disse pra mim* que era difícil continuar nesse tipo de relação.

3.21.6. *Com*

- **alegrar-se com**
  - Davi é um pesquisador que *se alegra com* novas descobertas.
- **assustar-se com**
  - Ela *se assusta com* qualquer coisa.
- **confundir-se com**
  - Quando começou o plano econômico, muitas pessoas *se confundiam com* a troca da moeda.
- **deparar(-se) com**
  - Não faz muito tempo, eu *me deparei com* uma cobra embaixo do carro.
- **namorar (com)**
  - Minha filha *está namorando (com)* um colega de sala.
- **parecer-se com**
  - A bruxa queria *se parecer com* a Branca de Neve.
- **preocupar-se com + nome** (ver *preocupar-se em*)
  - A professora não *se preocupava com* Marcos porque ele tinha aprendido a ler sozinho.
- **surpreender-se com**
  - O comprador *se surpreendeu com* o péssimo estado da casa.

3.21.7. *De*

- **aproximar-se de**
  - Os livros didáticos precisam *se aproximar* mais *da* realidade, ser menos artificiais.
- **compor-se de**
  - O grupo especial de aprendizes de português brasileiro *se compõe* apenas *de* falantes de espanhol.
- **consistir de/em**
  - Em Brasília, cada superquadra *consiste de* aproximadamente nove prédios.
  - A pesquisa *consistia na* coleta dos aspectos culturais de cada região brasileira.
- **esquecer(-se) de/esquecer**
  - Quando sair de férias, quero *(me) esquecer de* todos os problemas.
  - No dia da prova, espero não *esquecer a caneta azul.*
- **gostar de**
  - Se eu fizesse um filme, *gostaria de* reviver os anos 1950.

- **lembrar(-se) de**
  - Não *(me) lembro* se já vi esse filme.
- **participar de**
  - A população deveria *participar* mais *das* decisões políticas.
- **tratar-se de**
  - As leis costumam favorecer as mães quando *se trata de* assuntos familiares, como a guarda dos filhos.

Atención: Como en español, también en PB la locución *trata-se de* se emplea siempre en la 3ª persona singular.

3.21.8. *Em*

- **acarretar (em) algo**
  - Utilizar um produto fora do prazo de validade pode *acarretar* (em) danos à saúde.
- **implicar (em)**
  - Os escândalos de corrupção acabam *implicando (em)* renúncias.
- **preocupar-se em + infinitivo** (ver *preocupar-se com*)
  - Em seu novo livro, o autor *se preocupou em* discutir questões étnicas.

3.21.9. *Por*

- **apaixonar-se por**
  - No filme, a atriz principal *se apaixona pelo* namorado de sua amiga.
- **desculpar-se por**
  - Gostaria de *me desculpar por* não falar português muito bem.
- **interessar-se por**
  - Meu sobrinho sempre *se interessou pelas* questões indígenas.

3.21.10. Sin preposición

- **bastar alguém + infinitivo**
  - *Basta* você *consultar* o dicionário que consegue tirar suas dúvidas sobre vocabulário.
- **jogar**
  - Gosto de *jogar cartas* no final de semana. (español: jugar a las cartas)
- **visar**
  - O curso *visa* preparar profissionais qualificados.

CAPÍTULO 4

Artículos

4.1. FORMAS

Los artículos[1], del PB son los siguientes:

MASCULINOS		FEMENINOS	
SINGULAR	PLURAL	SINGULAR	PLURAL
o [u]	os [us]	a [a]	as [as]

No existe en PB un artículo neutro que corresponda al español *lo*.

Recordamos que la *-s* de los plurales suena como [z] delante de vocales, de la H y de B, D, G, M, N, V y Z:

os adultos z	as alunas z
os homens z	as horas z
os brasileiros z	as bonecas z
os dentes z	as diretoras z
os gatos z	as garrafas z
os meninos z	as mulheres z
os negócios z	as negociações z
os valores z	as vitórias z
os zeladores z	as zebras z

4.1.1. Artículos y género gramatical

Los artículos determinan el **género gramatical** de los sustantivos:

- Masculino:
  o governo – o lugar – o país – o senador – o crime – o programa – o gol – o ônibus – o dia – o nível – o chefe – o mês – o presidente – o homem etc.

---

[1] Consideraremos en este capítulo únicamente los llamados artículos determinados, mientras que los tradicionalmente llamados artículos indeterminados se presentan en el capítulo "Numerales y otros cuantificadores".

- Femenino:
  a folha – a reportagem – a cidade – a parte – a associação – a equipe – a lei – a vez – a mulher – a rede – a série etc.

Cada palabra suele tener un único género gramatical, pero hay algunas con dos géneros y significados distintos:

- No acidente, Marcos saiu com *a cabeça* ferida.
- *O cabeça* da gangue finalmente foi preso.

- *A caixa* do presente de Lídia era toda colorida.
- *O caixa* do banco foi muito atencioso quando me atendeu.

- *As rádios,* em sua maioria, se mantêm com as publicidades.
- Nas comunidades mais afastadas, *o rádio* e a televisão continuam bastante presentes.

4.1.2. Conversión a sustantivo

El artículo masculino antepuesto a palabras que no son sustantivos las convierte en **sustantivo**:

- o sim e o não
- o olhar
- o saber
- o poder
- o belo e o feio
- o necessário e o suficiente
- o passado, o presente e o futuro
- o quando e o porquê
- o nada
- o hoje e o amanhã

4.1.3. Artículo no acompañado del sustantivo

Delante de *de, do, da* y de *que*, el artículo se puede usar sin el sustantivo que lo acompaña cuando este ya fue mencionado anteriormente:

- Meu *pai* é médico, *o* do Jairo é dentista.
- Essa *feijoada* está gostosa, mas *a* que eu comi na casa da Júlia estava melhor.

4.2. Artículos y nombres propios

En PB, es muy común el empleo de artículos delante de **nombres propios** de personas:

- Só dou conta de tudo porque *o Pedro*, meu marido, me dá muita força.

El uso de artículos delante de **nombres de países, regiones, continentes** etc. es muchísimo más frecuente en PB que en español:

- As Cataratas do Iguaçu ficam entre *o Brasil, a Argentina* e *o Paraguai.*
- *O Norte* é a maior região do país, mas a menos povoada.
- *A África* e *a América do Sul* não eram continentes sem história antes da chegada dos europeus.

Los nombres de **ciudades** no van antecedidos de artículo, salvo algunas pocas excepciones: **o** Rio de Janeiro, **o** Recife, **o** Porto (Portugal), **o** Cairo (Egipto).

- *Manaus, capital do Amazonas,* é uma cidade portuária localizada no centro da maior floresta tropical do mundo.
- O parque aquático Beach Park é uma das maiores atrações turísticas de *Fortaleza.*
- *O Rio de Janeiro* é um dos principais centros culturais do país.

En cuanto a los **estados** brasileños, así se distribuye el uso o no del artículo:

o Acre	**a** Paraíba
— Alagoas	**o** Paraná
o Amapá	— Pernambuco
o Amazonas	**o** Piauí
a Bahia	**o** Rio de Janeiro
o Ceará	**o** Rio Grande do Norte
o Distrito Federal	**o** Rio Grande do Sul
o Espírito Santo	— Rondônia
— Goiás	— Roraima
o Maranhão	— Santa Catarina
o Mato Grosso	— São Paulo
o Mato Grosso do Sul	— Sergipe
— Minas Gerais	**o** Tocantins
o Pará	

- *No Ceará, na Paraíba* e *em Pernambuco,* as mulheres fazem rendas e bordados.

- Previsão do tempo: Amanhã diminuem as áreas de chuva sobre o *Mato Grosso* e no restante da região faz sol.
- No *Distrito Federal*, fica Brasília, a capital do Brasil.

4.3. Artículos y combinaciones con preposición

Cuando se combinan con las preposiciones A, DE, EM, POR, los artículos adoptan las siguientes formas:

PREPOSICIÓN	COMBINACIÓN	
	SINGULAR	PLURAL
A	ao/à	aos/às
DE	do/da	dos/das
EM	no/na	nos/nas
POR	pelo/pela	pelos/pelas

- Tome um comprimido *pela* manhã e outro *à* tarde.
- O prazo de validade *do* produto é de 36 meses, a contar *da* data de fabricação.

Aunque no tengan forma escrita oficial, las combinaciones con la preposición **para** (pronunciada **pra**) se emplean normalmente en el habla (y en textos escritos que intentan reproducir el habla espontánea):

- **pro/pra**
- **pros/pras**
  - Todo bairro tinha que ter escola e creche *pros* moradores.

4.4. Géneros gramaticales distintos en español y PB

Muchas palabras semejantes en español y en PB presentan **género gramatical distinto**. Véanse los casos siguientes:

MASCULINOS EN PB	FEMENINOS EM PB
o baralho	a análise
o cárcere	a árvore
o coice	a cor
o computador	a cútis

o costume	a desordem
o creme	a dor
o cume	a ênfase
o estratagema	a estante
o labor	a estreia
o legume	a fraude
o leite	a ordem
o mar	a origem
o massacre	a ponte
o mel	a síndrome
o nada	a viagem*
o nariz	
o paradoxo	
o pesadelo	
o protesto	
o riso	
o sal	
o sangue	
o sinal	
o sorriso	
o vislumbre	

(*) Todas las palabras con final **-agem** son del género **femenino** (*a imagem, a mensagem, a abordagem* etc.). La palabra **personagem** se puede emplear como del género femenino o masculino, según el sexo del personaje.

También es importante observar que los **nombres de las letras del alfabeto** son siempre del género **masculino** en PB, al contrario del español:

PB	ESPAÑOL
o pê	la pe
o xis	la equis
o agá	la hache
o zê	la zeta
o jota	la jota
o ípsilon	la i griega (la ye)

4.5. Algunas diferencias de uso

El empleo del artículo es bastante semejante en las dos lenguas, pero hay algunos contextos de uso distintos, por ejemplo:

PB	ESPAÑOL
São *duas horas* da tarde.	Son <u>*las dos*</u> de la tarde.
Obrigada por me emprestar <u>*(o) seu*</u> livro.	Gracias por prestarme tu libro.
Aproveitaram o tempo livre e começaram a *jogar baralho*.	Aprovecharon su tiempo libre y empezaron a jugar <u>*a las*</u> cartas.
Minha mãe *tocava piano* e *clarineta* muito bem.	Mi madre tocaba muy bien <u>*el*</u> piano y <u>*el*</u> clarinete.
Detesto carne.	Odio <u>*la*</u> carne.
Desconto de 20% para ex-alunos.	Descuento <u>*del*</u> 20% a exalumnos.
Clima: <u>*no*</u> *inverno* o frio é moderado durante o dia.	Clima: en invierno el frío es moderado durante el día.
25 de março é o dia do meu aniversário.	<u>*El*</u> 25 de marzo es mi cumpleaños.
Estou lendo *Vidas secas* <u>*pela*</u> segunda vez.	Estoy leyendo *Vidas secas* <u>*por*</u> segunda vez.

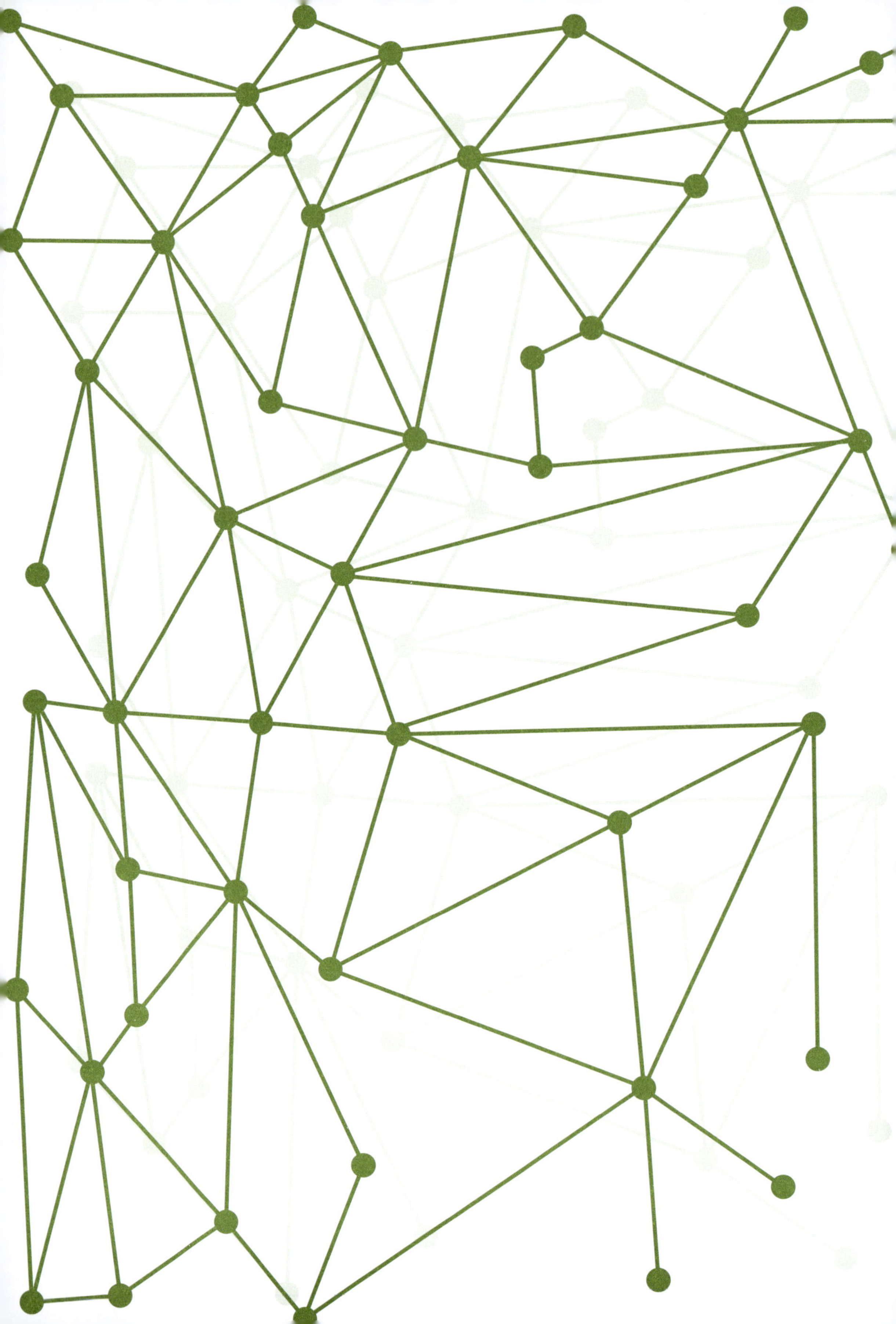

CAPÍTULO 5

Posesivos

5.1. Formas

En PB, los posesivos concordan en género y número con lo que se posee (no hay concordancia en las construcciones *do senhor, de você*...):

PERSONA	SINGULAR		PLURAL	
	MASCULINO	FEMENINO	MASCULINO	FEMENINO
1ª sing	*meu* livro	*minha* casa	*meus* livros	*minhas* casas
2ª sing	*teu* livro	*tua* casa	*teus* livros	*tuas* casas*
	seu livro*	*sua* casa*	*seus* livros*	*suas* casas*
	o livro/a casa *do senhor* o livro/a casa *da senhora*		os livros/as casas *do senhor* os livros/as casas *da senhora*	
3ª sing	o livro *dele*	a casa *dela*	os livros *dele*	as casas *dela*
	seu livro**	*sua* casa**	*seus* livros**	*suas* casas**

* En el habla. Véase más abajo 5.3.
** En la escritura formal principalmente. Véase abajo 5.4.

- *Você* se lembrou de trazer *seu* livro?
- Então essa é a casa *da senhora*? Muito bonita!
- *A Mariana* disse que vem no carro *dela*.
- *O governo federal* se comprometeu a aumentar *seus* investimentos em educação básica.

PERSONA	SINGULAR		PLURAL	
	MASCULINO	FEMENINO	MASCULINO	FEMENINO
1ª plur	*nosso* livro	*nossa* casa	*nossos* livros	*nossas* casas
	o livro *da gente*	a casa *da gente*	os livros *da gente*	as casas *da gente*
2ª plur	o livro/a casa *dos senhores* o livro/a casa *das senhoras*		*seus* livros*	*suas* casas*
			os livros/as casas *dos senhores* os livros/as casas *das senhoras*	
	o livro/a casa *de vocês*		os livros/as casas *de vocês*	
3ª plur	o livro *deles*	o livro *delas*	os livros *deles*	os livros *delas*
			seus livros**	suas casas**

* En el habla. Véase más abajo 5.3.
** En la escritura formal principalmente. Véase abajo 5.4.

- O maior problema *da gente* não é o preço do combustível, mas o péssimo estado de conservação das estradas!

- Você se lembra da Marta e do Artur? O filho *deles* agora é deputado federal.
- Parece que a viagem *de vocês* ao Japão foi mesmo maravilhosa!

5.2. Identidad de formas

No hay diferencia de formas entre los adjetivos posesivos y los pronombres posesivos, lo que los distingue es la presencia obligatoria del artículo antepuesto al **pronombre** posesivo:

- *Minha* mãe tem a mesma idade que *a tua*, só que *a minha* parece mais velha.

Sin embargo, también es muy frecuente el uso del artículo delante de los **adjetivos** posesivos.

- Você pode me passar *o seu* número de telefone?
- Esse não é *o nosso* hotel, *o nosso* fica do outro lado da rua.
- *A minha* cabeça está doendo.
- *As suas* mãos estão frias. O que aconteceu?

5.3. Posesivos y *você(s)*

A la 2ª persona **você** corresponden los posesivos **teu(s)/tua(s)** o **seu(s)/sua(s)**, a depender de la región:

- Não tome remédio sem o conhecimento do *seu* médico. Pode ser perigoso para a *sua* saúde.
- Você acha que tem alguém na *tua* casa? Quem é que tá lá?

En el habla más informal, para la segunda persona del plural, además de **seu(s)/sua(s)** e **teu(s)/tua(s)**, también se emplea **de vocês**:

- Nós somos índios Kaxinawá e queremos aprender a língua *de vocês*, ler, escrever e contar para não sermos mais roubados por ninguém.
- Qual é a proposta pedagógica *de vocês* para os alunos surdos?

5.4. Posesivos y la 3ª persona

A las 3ªˢ personas corresponden, **en el habla**, únicamente las formas **dele(s)/dela(s)**, ya que **seu(s)/sua(s)** corresponden siempre a la 2ª persona (**você**):

Você e o **Carlos** vieram no **seu** carro ou no **dele**?

- Roubaram o casaco *dele*. (en español: *Le robaron la chaqueta*.)

En la **lengua escrita formal**, en cambio, los posesivos **seu/sua** etc. corresponden a las 3as personas:

- A *Europa* enfrenta dilema com paraísos fiscais em *seu* próprio território.
- Só os ignorantes procuram imitar o comportamento dos outros. Os *homens* inteligentes não perdem *seu* tempo com isto.

5.5. Posesivos, numerales y cuantificadores indeterminados

Con numerales y cuantificadores indeterminados, como **algum, um, cada, outro** etc. [8.4.2], el posesivo va después del sustantivo (de modo semejante al español):

- — Quem é que tá aí?
  — Ah, é *um amigo meu* da universidade.
- Sabe a Marcela, *uma ex-namorada minha*? Estou com *dois casacos dela* lá em casa.

CAPÍTULO 6

Demostrativos

6.1. Formas

Los adjetivos y pronombres demostrativos del PB se presentan con las siguientes formas:

MASCULINO	este(s)	esse(s)	aquele(s)
FEMENINO	esta(s)	essa(s)	aquela(s)
FORMA NEUTRA	isto	isso	aquilo

6.2. En el habla contemporánea

En el habla, las formas **este(s)/esta(s)/isto** se emplean muy raramente. Las demás suelen combinarse con los adverbios **aqui, aí, ali, lá**, para indicar una posición en relación a los interlocutores:

	CERCA DE LA PERSONA QUE HABLA	esse(s) essa(s) } aqui isso
	CERCA DE LA PERSONA CON QUIEN SE HABLA	esse(s) essa(s) } aí isso
	LEJOS DE LAS PERSONAS QUE HABLAN	aquele(s) aquela(s) } ali/lá aquilo

- — Marquinhos, você pode pegar *aquele dicionário* que tá na mesa pra mim?
  — *Esse aqui*?
  — É, *esse aí* mesmo. Obrigada.

- — Não tem a que eu quero? Então, me dê *aquela revista ali.*
  — Qual?
  — *Essa aí*, com a presidenta na capa.

6.3. En la escritura formal

De manera general, los brasileños no suelen distinguir **este(s)/esta(s)/isto** de **esse(s)/essa(s)/isso** al escribir y emplean estas formas indiferentemente.

Sin embargo, en la redacción de textos más formales, las gramáticas recomiendan el empleo de los demostrativos **este(s)/esta(s)/isto**, siempre con referencia a lo que está más cerca en el tiempo y en el espacio de la persona y/o situación descrita:

- O setor de autopeças investirá 24% a menos *este ano*.
- *Esta pesquisa* aborda a inserção das mulheres no mercado de trabalho.

6.3.1. *Este(s)/esta(s)* y *aquele(s)/aquela(s)*

En la escritura, se suelen emplear **este(s)/esta(s)** y **aquele(s)/aquela(s)** cuando dos expresiones anteriores son retomadas en el texto, para distinguir una de la otra:

- A faculdade oferece uma turma pela manhã e outra à noite: *esta* tem um preço mais acessível do que *aquela*.
- Eduardo e Miguel jogavam basquete quando eram pequenos: *este* virou enfermeiro e *aquele*, escritor.

6.3.2. Identidad de formas

No existe distinción gráfica entre los adjetivos y los pronombres demostrativos en PB.

- — Que chave você usou pra abrir a porta?
  — *Essa* aqui. *Essa* chave foi a que você me deu.

6.4. Demostrativos combinados con preposición

Los demostrativos se combinan con las preposiciones **de** y **em** que los preceden:

deste(s)	neste(s)
desta(s)	nesta(s)
desse(s)	nesse(s)
dessa(s)	nessa(s)
disso	nisso
daquele(s)	naquele(s)
daquela(s)	naquela(s)
daquilo	naquilo

- *Nessa* novela, os heróis não são os bonzinhos, mas os malvados.
- A história *dessa* cidade registra terremotos de muita intensidade.
- Eu acho que devia ter aula de música nas escolas. E você? O que acha *disso*?

6.4.1. Fusión con la preposición *a*

La preposición **a** se fusiona con los demostrativos **aquele(s), aquela(s), aquilo**, en cuyo caso la letra **a** recibe *acento grave* para indicar la fusión, en la escritura.

- Ao invés de incentivar a competição entre os alunos, é preferível fazer com que eles se ajudem mutuamente: aquele que já sabe pode explicar *àquele* que ainda não sabe.
- O prêmio foi entregue *àquela* que fez o maior número de gols.

6.5. Distinción de timbre vocálico

Recordamos que las vocales tónicas de los demostrativos son **cerradas** [**e**] en el masculino y **abiertas** [ɛ] en el femenino:

este(s) esse(s) aquele(s)	[e]	esta(s) essa(s) aquela(s)	[ɛ]

6.6. Locuciones usuales con los demostrativos

6.6.1. *A essa altura/àquela altura*

La locución **a essa altura** suele aplicarse al momento presente del habla y a momentos del pasado narrado; en cambio, **àquela altura** se aplica solamente a momentos pasados:

- *A essa altura* do ano não podemos admitir mais alunos novos.
- Estava claro que *àquela altura* todo mundo já sabia da reunião.

A menudo, estas locuciones se combinan con palabras como **vida, acontecimentos, campeonato** etc. En tal caso, algunas palabras no conservan su significado específico, como ocurre con **campeonato**, por ejemplo, que no se refiere necesariamente a los partidos de fútbol sino, metafóricamente, a la vida en general:

6.6.1.1. A essa/àquela altura da vida

- Receber uma homenagem *a essa altura da vida* é algo muito emocionante.
- Ao ser perguntado se realmente iria entrar numa faculdade *àquela altura da vida*, o homem de 70 anos respondeu:
- Se não for agora, com que idade vocês querem que eu entre?

6.6.1.2. A essa/àquela altura do campeonato

- Me impressiona perceber que, *a essa altura do campeonato*, muitos eleitores ainda não sabem em quem votar.
- Se o plano econômico não desse certo, o que já era óbvio *àquela altura do campeonato*, seria necessário uma elevação das taxas de juros.

6.6.1.3. A essa/àquela altura dos acontecimentos

- Mas, *a essa altura dos acontecimentos*, a história ainda não chegou ao fim, e caberá ao herói experimentar os limites de sua própria coragem.
  Àquela altura dos acontecimentos, já se sabia que o governo iria substituir dois ou três ministros.

6.6.2. *Além disso*

La locución **além disso** ('además') o **além do mais** se emplea cuando se agregan más informaciones en el texto:

- As pessoas do signo de Libra são muito sociáveis e ótimas amigas. *Além disso*, são excelentes conselheiras, pois conseguem pesar, de forma sensata, os prós e contras de uma situação, sem preconceitos.

6.6.3. *É isso aí*

La expresión ***é isso aí*** suele usarse en el habla informal. El hablante la emplea cuando está de acuerdo con algo que se dijo, cuando aprueba la actitud de alguien o cuando entiende que hay que aceptar las cosas como son (semejante a: *é isso mesmo*):

- *É isso aí*, amigo, vá atrás dela. Acho ótimo que vocês dois fiquem juntos!
- *É isso aí*, professor, estou de acordo com tudo o que senhor falou.
- Parabéns, seu trabalho ficou ótimo. *É isso aí!*

También se puede emplear cuando algo llega a su fin o cuando no hay más nada que hacer sobre algo (semejante a: *pronto; era isso*):

- *É isso aí*, gente, acabou a aula.
- A gente se fala depois, então. Vou tentar me conformar com a situação. *É isso aí*!

6.6.4. *Isto é*

Corresponde al español ***o sea*** o ***es decir***:

- Uma garrafa contém seis boas taças de vinho, *isto é*, taças grandes até a metade.
- Grupos com identidades étnicas distintas da dominante devem ter suas identidades particulares, *isto é*, suas diferenças, reconhecidas.

6.6.5. *Isso é que é/aquilo é que era*

Las locuciones **isso é que é/aquilo é que era** expresan énfasis. La primera se refiere al presente, la segunda, al pasado:

- O dono da loja acredita que vai vender muito no Dia das Mães, apesar de ter uma loja de roupa masculina. *Isso é que é* otimismo!
- Eu fui criado numa fazenda, com lagoa, cavalo e muito jogo de bola. *Aquilo é que era* infância!

6.6.6. *Não me venha com essa (de)*

La locución **não me venha com essa (de)** se emplea para expresar indignación:

- *Não me venha com essa história de* criar bicho em casa!
- *Não me venha com essa* de votar nulo que eu não aceito.

6.6.7. *Não seja por isso*

La locución **não seja por isso** expresa la idea de que la situación no es difícil de resolver (algo como: *isso não é um problema*):

- — Você está indo embora? Eu queria ir com você, mas tenho de esperar meu irmão.
  — *Não seja por isso*. Eu posso esperar, não tenho pressa.

6.6.8. *Não por isso*

La locución **não por isso** se emplea en réplica a un agradecimiento y equivale a **de nada**. Al emplearla, el hablante quiere decir que el favor (o algo semejante) no le costó nada y que lo hizo con placer.

- — Muito obrigada pela visita.
  — *Não por isso.*

6.6.9. *Nem por isso*

La locución **nem por isso** se emplea para expresar la idea de que los aspectos positivos o negativos mencionados no impiden que algo ocurra. Significa "eso no es motivo para que...":

- Eu ganhei na loteria esportiva, mas *nem por isso* gasto meu dinheiro com bobagens.
- O pintor não era exatamente um especialista em botânica. *Nem por isso* deixou de pintar paisagens.
- Muitas músicas lembram outras e *nem por isso* são consideradas plágio.

6.6.10. *Por isso/por essa razão/por esse motivo*

Estas locuciones retoman, en el texto, una expresión anterior que indica la causa de lo que se va a enunciar:

- A previsão é de poucos dias de chuva. *Por esse motivo*, haverá redução da umidade do ar, o que faz aumentar a seca e pode contribuir para a ocorrência de incêndios.
- Os motoristas de ônibus entraram em greve. *Por isso*, muitas pessoas estão com dificuldades para chegar ao trabalho.

6.6.11. *Por essas e outras (razões)*

- Hoje em dia, os homens não sabem o que fazer com as horas livres. A supervalorização do trabalho levou o homem moderno a ter culpa por sentir prazer em uma atividade extraprofissional. *É por essas e outras* que investir em um *hobby*, em algo que não dá prestígio nem dinheiro, não é tarefa para qualquer pessoa.

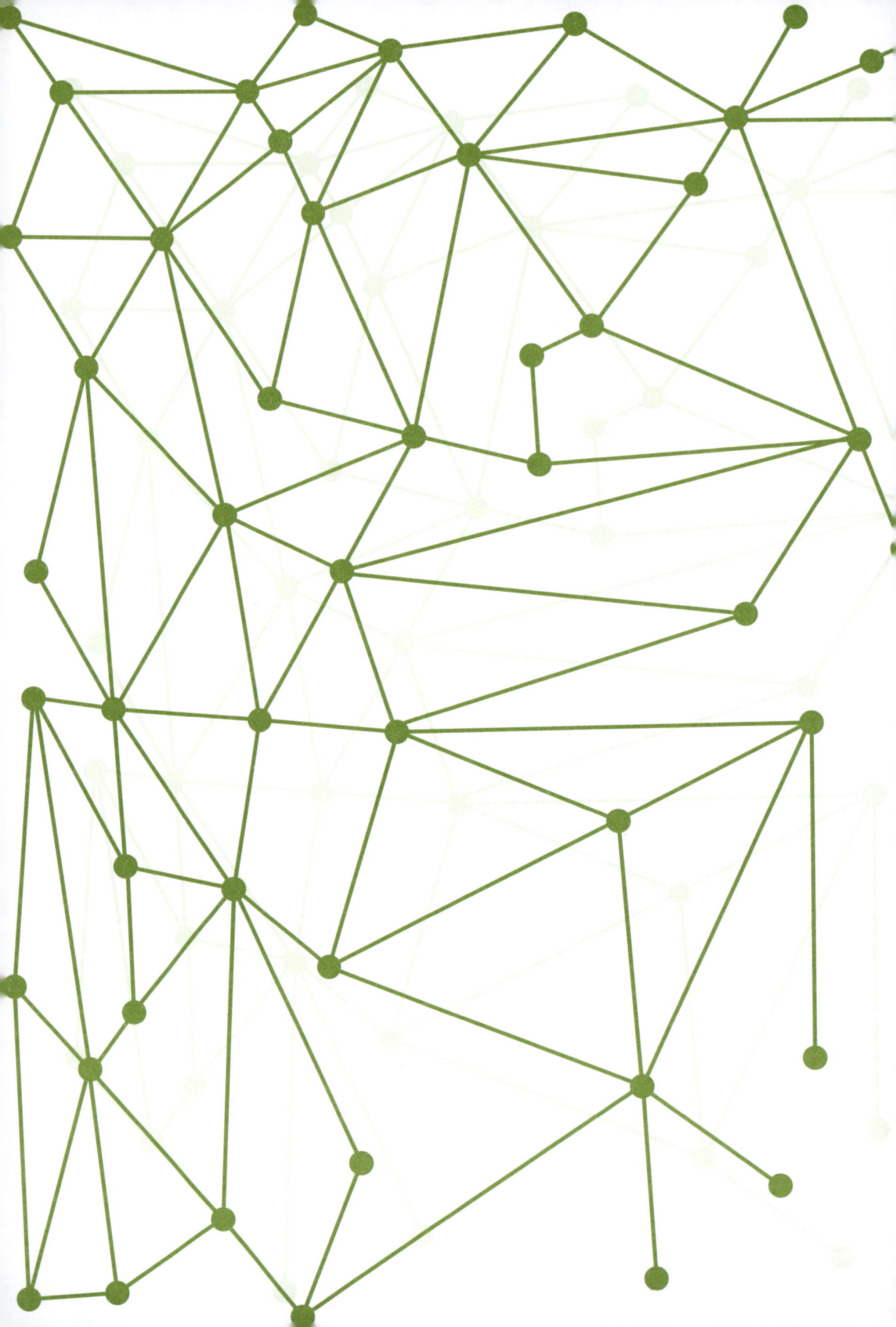

CAPÍTULO 7

Pronombres interrogativos y relativos

7.1. PRONOMBRES INTERROGATIVOS

7.1.1. Formas

Los pronombres interrogativos del PB presentan las siguientes formas:

como
o que
onde
por que
qual/quais
quando
quanto/quanta
quantos/quantas
que
quem

- *Como* é o seu nome?
- *Qual* é o seu nome?
- *Quais* são seus planos para o futuro?
- *O que* você faz?
- *Onde* você aprendeu português?
- *Por que* você está estudando português?
- *Quando* você começou a estudar português?
- *Quantos* anos você tem?
- *Que* curso você faz?
- *Quem* é sua professora?

En PB esos pronombres jamás tienen tilde (véase 7.1.8.3 y 7.1.9).

7.1.2. Preguntas directas

En las preguntas directas que piden una información, los pronombres interrogativos pueden estar al comienzo o al final de la oración:

- Você faz *o quê*?
- Você aprendeu português *onde*?
- Você faz *que* curso?
- Você tem *quantos* anos?

7.1.3. Preguntas indirectas

Las preguntas indirectas con pronombres interrogativos están compuestas por verbos o locuciones verbales, como **querer, saber, perguntar** etc. y la misma pergunta, pero sin el signo de interrogación:

PREGUNTA DIRECTA	PREGUNTA INDIRECTA
Onde você mora?	Eu gostaria de saber **onde você mora.**
Quando você viaja?	Ele quer saber **quando você viaja.**

7.1.4. Identidad de formas

A diferencia del español, los pronombres interrogativos del PB no llevan tilde de cuando están en interrogaciones indirectas (véase *estilo indirecto,* 3.19). Las excepciones son **que** y **por que**, que vamos a examinar más abajo (7.1.8.3 y 7.1.9).

7.1.5. *Quem* invariable

Al contrario del español, el interrogativo **quem** es invariable, no tiene una forma plural:

- *Quem* é o atual presidente da Venezuela?
- *Quem* são os representantes do Brasil nesse encontro?

7.1.6. *Onde está/cadê?*

En el habla común, se usa la forma **cadê**, que corresponde a "onde está" (también existen las formas **quede** o **quedê,** bastante menos usuales):

- *Cadê* o bolo da festa? Você ainda não fez?
- *Cadê* as meninas? Já saíram?

7.1.7. Indistinción *onde/aonde*

El interrogativo **onde** alterna con **aonde** sin que haya necesariamente un movimiento o una dirección implicados en la pregunta:

- *Onde* você mora?
- *Aonde* você mora?
- *Onde* você vai?
- *Aonde* você vai?

Para preguntar específicamente sobre la **dirección** del movimiento, se usa **para/pra onde**:

- *Pra onde* você foi depois da festa?
- *Pra onde* se mudaram o Pedro e a Júlia?

Para preguntar sobre el **origen** del movimiento, se usa **de onde**:

- *De onde* você está chegando?

7.1.8. *Por que, por quê, porque y porquê*

7.1.8.1. Con o sin acento circunflejo, en una o dos palabras, la sílaba **que** es siempre la tónica:

por que **por quê** **porque** **porquê**	**[puh'ke]**

7.1.8.2. La forma **por que** se emplea en la pregunta (directa o indirecta), mientras que en la respuesta se emplea **porque**:

- — *Por que* vocês chegaram tão atrasados?
  — *Porque* estava chovendo muito.
- Ele perguntou *por que* vocês chegaram atrasados.

7.1.8.3. La forma **por quê** se emplea en final de frase, en interrogaciones directas o indirectas:

- Você desistiu de viajar? *Por quê*?
- Janete desistiu de viajar, mas não me explicou *por quê*.

7.1.8.4. La forma **porquê** es un sustantivo y siempre va precedida del artículo masculino:

- Não entendo *o porquê* de tantas reclamações.

7.1.9. *O que y que*

7.1.9.1. El interrogativo **o que [u ki]** es el más empleado en el habla común, siempre con referencia a una sola cosa (abstracta o concreta). Puede alternar con **que [ki]** y en final de frase recibe acento circunflejo y se pronuncia **[u ke]**:

- *O que* você acha desse novo programa de televisão?
- *O que* é isso?/— *Que* é isso?/— *O que é que* é isso?/— *Que que* é isso?
- Isso que você está comendo é *o quê*?
- Quero comprar um presente pro André, mas ainda não decidi *o quê*.

Todas las formas corresponden al español *qué*.

7.1.9.2. Si la pregunta se refiere a cosas en plural, solo se emplea la forma **que**:

- *Que* livros são esses que você está guardando?

7.1.9.3. También se emplea **que [ki]** en exclamaciones:

- *Que* absurdo!
- *Que* delícia esse sorvete!

7.2. Pronombres relativos

7.2.1. Formas

Los pronombres relativos presentan las siguientes formas:

como
cujo/cuja/cujos/cujas
o qual/a qual/os quais/as quais
onde
que
quem

7.2.2. *Que/o qual*

7.2.2.1. Que es el relativo por excelencia, el más empleado en el habla y en la escritura y, por tal motivo, también llamado *relativo universal*.

- A cidade *que* mais me encantou na Itália foi Veneza.
- Gostei muito do hotel *que* você me indicou.
- As ações *que* a empresa comprou subiram muito.

7.2.2.2. Cuando ejerce función de *objeto indirecto*, al pronombre **que** debe anteponerse la preposición regida por el verbo, pero solo si es monosílaba (*a, com, de, em, por*):

- A crise financeira *a que* o presidente se referiu ainda não terminou na Europa.
- Os programas de computador *com que* trabalhamos foram criados por nossa própria equipe.
- O tema *de que* mais se falou na reunião foram os novos contratos com as empresas chinesas.
- O terreno *em que* o estádio de futebol foi construído estava abandonado.

> **Obsérvese** que jamás se emplea el artículo delante del relativo **que** (como en español: *"el tema del que más se habló..."*).

7.2.2.3. La excepción a esta regla es la preposición **sem**: pese a tener una sola sílaba, no se usa con el relativo *que*. La combinación *sem que* es una locución que funciona como conjunción [10.2.3.2]:

- Agradecemos o apoio da prefeitura, *sem o qual* não teríamos conseguido realizar nosso projeto. (relativo)
- Não interrompa o tratamento *sem que* o médico autorize. (locución conjuntiva)

7.2.2.4. Las formas **o/a qual, os/as quais** suelen emplearse en textos escritos, y en el habla ocurren muy raramente. A diferencia del relativo **que**, estas formas se combinan con todas las preposiciones (con una o más sílabas):

- Os programas de computador *com os quais* trabalhamos foram criados por nossa própria equipe.
- O tema *do qual* mais se falou na reunião foram os novos contratos com as empresas chinesas.
- O terreno *no qual* o estádio de futebol foi construído estava abandonado.
- Trata-se de um ponto *sobre o qual* ainda não temos consenso absoluto.
- É um projeto *para o qual* vamos exigir prioridade dos nossos técnicos.
- Vocês são pessoas *sem as quais* nada disso teria sido possível.
- A crise financeira *à qual* o presidente se referiu ainda não terminou na Europa.

7.2.3. El orden de las palabras en la oración subordinada con relativo

En PB el orden de las palabras en la oración subordinada iniciada por el relativo **que** no sufre la inversión característica del español:

PB	ESPAÑOL
Não gostei do carro *que o Pedro comprou.* →	No me gustó el coche *que compró Pedro.* ←

7.2.4. Eliminación de la preposición delante del pronombre relativo

Hay que señalar la tendencia muy acentuada en el PB hablado a la eliminación de la preposición delante del pronombre relativo (un hecho también verificado en muchas variedades habladas del español). Así, son muy comunes y se aceptan tranquilamente en el habla espontánea construcciones como (la preposición eliminada aparece tachada):

- Esse é o mesmo hotel ~~em~~ que nós ficamos no ano passado!
- O esporte ~~de~~ que mais gosto é futebol.
- Me empresta aquele vestido ~~com~~ que você foi no casamento?

En textos escritos formales, se espera que la preposición aparezca delante del pronombre relativo, mientras que su empleo en el habla puede sonar pedante.

7.2.5. Empleo de un pronombre personal después del pronombre relativo

Además de la eliminación de la preposición, en el habla, también es habitual que la preposición aparezca *después* del pronombre relativo, seguida de pronombre personal:

- Me empresta aquele vestido *que* você foi *com ele* no casamento?

Este mismo tipo de construcción suele aparecer en los casos en que el pronombre relativo sustituiría al sujeto:

- Eu tenho um vizinho *que ele* é colombiano,

en lugar de

- Eu tenho um vizinho *que* é colombiano.

7.2.6. *Quem*

El pronombre relativo **quem** solo se emplea cuando el antecedente es una persona o cosa personificada. Subrayamos que no existe en PB una forma plural para **quem** (como en español *quienes*). Es un pronombre que solamente se usa como *objeto indirecto* y así debe emplearse antecedido de la preposición regida por el verbo:

- O Gustavo é a pessoa *com quem* eu mais gosto de trabalhar.

Sin embargo, el relativo **quem** es poco frecuente, y es reemplazado por **que**, sobre todo en el habla.

7.2.7. *Onde*

Onde es un pronombre relativo que retoma siempre una expresión de *lugar*:

- Na cidade *onde* eu nasci faz muito frio no inverno.

Si el verbo indica *situación* o *dirección*, el uso de **onde** o **aonde** es indiferente, como ya se ha señalado en 7.1.7:

- O hotel *onde/aonde* nos hospedamos em Quito ficava no centro da cidade.

- O restaurante *onde/aonde* vamos hoje à noite é especializado em frutos do mar.

Cuando se trata de *origen*, se emplea la preposición **de**:

- Diga seu nome e a cidade *de onde* está falando.

7.2.8. *Cujo*

7.2.8.1. El pronombre relativo **cujo** (y flexiones) no se emplea prácticamente nunca en el PB hablado (como ocurre también en el español hablado). Su empleo se restringe a textos escritos formales y es idéntico al del español *cuyo*:

- A campanha brasileira em favor dos macacos em extinção, *cujo* símbolo é o mico-leão-dourado, precisa de muito apoio.
- O objetivo da escola era formar profissionais *cujos* valores essenciais fossem a solidariedade e o respeito.
- Os carros *cuja* fabricação é anterior a 1995 devem parar de circular porque poluem muito o ar.

7.2.8.2. Existen en el PB hablado dos construcciones que sustituyen normalmente el uso de **cujo**:

- A Sílvia é aquela minha amiga *que* o marido *dela* é embaixador no Peru.
- A Sílvia é aquela minha amiga *que* o marido é embaixador no Peru.

7.2.9. *Como*

El relativo *como* solo se emplea cuando va antecedido de las palabras *modo, manera, forma*:

- O governo não gostou do *modo como* a imprensa tratou a reforma ministerial.

CAPÍTULO 8

Numerales y otros cuantificadores

8.1. Numerales cardinales y ordinales

ARÁBIGOS	CARDINALES	ORDINALES
0	zero	—
1	um	primeiro
2	dois	segundo
3	três	terceiro
4	quatro	quarto
5	cinco	quinto
6	seis	sexto
7	sete	sétimo
8	oito	oitavo
9	nove	nono
10	dez	décimo
11	onze	décimo primeiro
12	doze	décimo segundo
13	treze	décimo terceiro
14	catorze	décimo quarto
15	quinze	décimo quinto
16	dezesseis	décimo sexto
17	dezessete	décimo sétimo
18	dezoito	décimo oitavo
19	dezenove	décimo nono
20	vinte	vigésimo
21	vinte e um	vigésimo primeiro
22	vinte e dois	vigésimo segundo
23	vinte e três	vigésimo terceiro
30	trinta	trigésimo
40	quarenta	quadragésimo
50	cinquenta	quinquagésimo
60	sessenta	sexagésimo
70	setenta	septuagésimo

80	oitenta	octogésimo
90	noventa	nonagésimo
100	cem	centésimo
101	cento e um	centésimo primeiro
110	cento e dez	centésimo décimo
120	cento e vinte	centésimo vigésimo
200	duzentos	ducentésimo*
201	duzentos e um	ducentésimo primeiro*
300	trezentos	tricentésimo*
400	quatrocentos	quadringentésimo*
500	quinhentos	quingentésimo*
600	seiscentos	seiscentésimo*
700	setecentos	septingentésimo*
800	oitocentos	octingentésimo*
900	novecentos	nongentésimo*
1.000	mil	milésimo
2.000	dois mil	dois milésimo*
100.000	cem mil	cem milésimo*
1.000.000	um milhão	milionésimo
1.000.000.000	um bilhão	bilionésimo
1.000.000.000.000	um trilhão	trilionésimo
(*) Formas casi nunca empleadas.		

En las docenas (de 21 a 99), centenas (**cento**) y millares compuestas se usa **e**:

- vinte **e** um
- trinta **e** dois
- quarenta **e** cinco
- cento **e** um
- duzentos **e** vinte
- mil **e** um
- dois mil **e** trinta
- três mil **e** vinte e um
- quatro mil **e** trezentos

Pero cuando hay millares, centenas e docenas, solo se usa el **e** después de la centena:

- dois mil trezentos **e** vinte
- cinco mil seiscentos **e** quarenta

8.1.1. Formas con femenino

Algunos numerales cardinales presentan una forma particular en el femenino:

- 1 → uma
- 2 → duas
- 200 a 900 → duzentas, trezentas, quatrocentas etc.
  - Tive que esperar *duas horas* para o médico me atender!
  - O livro ficou com um total de *trezentas páginas*.
  - O auditório tem lotação máxima de *novecentas pessoas*.

Todos los **ordinales** se pueden flexionar en género (y número), ya que son siempre adjetivos:

- Os carros entraram agora na *décima quinta* volta da corrida.
- Os campeões do torneio serão conhecidos já nas *oitavas* de final.

En PB, los ordinales no presentan formas apocopadas, como en español *primer, tercer* etc.

8.1.2. *Meia*

En el habla diaria, el número **6**, para evitar la confusión con **3**, es casi siempre llamado **meia** (abreviación de *meia dúzia*, 'media docena'):

- Meu apartamento é o *meia* dois dois (622).
- O telefone da Célia é nove nove quatro cinco, *meia meia* oito dois (9945-6682).

8.2. Fraccionarios

Los numerales fraccionarios (excepto *metade*) son masculinos:

1/2	meio/metade
1/3	um terço
1/4	um quarto
1/5	um quinto

1/6	um sexto
1/7	um sétimo
1/8	um oitavo
1/9	um nono
1/10	um décimo
1/11	um onze avos
1/20	um vinte avos
1/100	um centésimo
1/1.000	um milésimo

- O piloto de fórmula 1 ganhou por *um milésimo* de segundo.
- Para a torta ficar mais saborosa, acrescente *meia* xícara de chocolate em pó.

8.3. Multiplicativos

Los numerales multiplicativos son masculinos:

x 2	dobro/duplo
x 3	triplo
x 4	quádruplo
x 5	quíntuplo
x 6	sêxtuplo*
x 7	séptuplo*
x 8	óctuplo*
x 9	nônuplo*
x 10	décuplo
x 100	cêntuplo
(*) Formas casi nunca empleadas.	

- O preço médio de apartamentos subiu mais que o *dobro* da inflação nos últimos doze meses.
- Minha filha tem *dupla* nacionalidade, a brasileira e a alemã.

Observación: La palabra *dobro* solo se emplea con el artículo, *o dobro*, porque es un sustantivo. Cuando se trata de adjetivo, se emplea *duplo*.

8.4. Cuantificadores indeterminados

Además de los numerales, que son cuantificadores *determinados*, existen otros términos diferentes empleados para indicar cantidades indeterminadas.

8.4.1. Cuantificadores empleados únicamente en singular

algo
alguém
bastante*
cada
nada
ninguém
outrem
quem
tudo
(*) Los diccionarios preven una forma plural *bastantes*, pero raramente se emplea.

- Quando cozinho, uso *bastante* alho.
- Você aceita mais um *pouco*? Não comeu quase nada.
- *Cada um* dos nossos alunos terá um caminho diferente na vida.
- Como *tudo* na vida, as ideias também envelhecem e precisam ser renovadas.

8.4.1.1. Las formas con terminación **-em/-ém** (*alguém, ninguém, outrem, quem*) solo se refieren a **personas**. La forma **outrem** (con sílaba tónica en **ou**trem) se emplea únicamente en textos escritos formales.

- Se *alguém* me dissesse que o mundo ia acabar amanhã, eu ia plantar uma árvore do mesmo jeito.
- *Ninguém* sabe exatamente onde começa e onde termina o que chamam de Universo.
- *Quem* espera sempre alcança.
- A escola não tinha mais informações sobre os cursos de formação de professores, que passaram a ser de responsabilidade de *outrem*.

8.4.2. Cuantificadores con formas en femenino y/o formas en plural:

algum	alguns	alguma	algumas
certo	certos	certa	certas
dado	dados	dada	dadas
determinado	determinados	determinada	determinadas
muito[1]	muitos	muita	muitas
nenhum	———	nenhuma	———
outro	outros	outra	outros
pouco	poucos	pouca	poucas
qualquer	quaisquer	qualquer	quaisquer
quanto	quantos	quanta	quantas
tanto	tantos	tanta	tantas
todo	todos	toda	todas
um	uns	uma	umas

- Em um *dado* momento, o jovem passa por uma situação indefinida, em que não é criança nem adulto.
- Não tenho *tanta* certeza de que deveríamos abrir uma loja nesse bairro.
- Uma árvore com *muitas* folhas e *poucas* raízes pode cair com o menor golpe de vento.

8.4.2.1. Todo/todos/toda/todas acompañan a los sustantivos y concuerdan con ellos en género y número:

- Eu comi *toda a torta* sozinha.
- *Toda a cidade* ficou alagada depois do temporal.

8.4.2.2. Todo y **toda** también pueden venir después del sustantivo:

- Eu comi *a torta toda* sozinha.
- *A cidade toda* ficou alagada depois do temporal.

8.4.2.3. Con expresiones de tiempo, **todo/toda** antes del sustantivo indica individualidad (= cada):

- *Toda semana* eu vou ao cinema.
- *Todo dia* eu me levanto bem cedo.

---

[1] Los adjetivos y cuantificadores *muito, muita, muitos y muitas*, así como el adverbio *muito* presentan un diptongo nasal que solo existe en esas palabras: [ˈmũĩtu].

y después del sustantivo indica totalidad (= entero):

- Fez sol *a semana toda*, mas não consegui ir à praia.
- Quando eu vou pra fazenda, passo o *dia todo* andando a cavalo.

8.4.2.4. Con **todos/todas** es obligatoria la presencia del artículo definido:

- A autora disse que tinha testado *todas as* receitas do livro mais de uma vez.
- *Todos os* seres vivos merecem atenção e respeito.

Es común el empleo de la expresión **todo mundo** (= toda la gente):

- *Todo mundo* gosta de ir ao circo.

8.4.2.5. La forma **tudo** (8.4.1) se emplea sola, sin sustantivo después, y es siempre singular:

- Fiz a lista de *tudo* o que precisamos comprar hoje.
- Sei que você está passando por um momento difícil, mas nem *tudo* está perdido.

Sin embargo, se puede combinar con **isto, isso, aquilo**:

- Vou ter de estudar *tudo isso* pra prova no final do ano?
- A garagem está cheia de coisas. De onde você trouxe *aquilo tudo*?

8.4.2.6. Al igual que en español, en PB el cuantificador indefinido **tanto** se suele emplear con expresiones de tiempo o edad:

- Ele deve ter uns sessenta e *tantos* anos.
- Já se passaram uns cento e *tantos* anos.

8.4.3. Cuantificadores que solo se emplean en plural

Algunos cuantificadores solo se emplean en el plural:

diversos	diversas
inúmeros	inúmeras
vários	várias

- Graças às leis ambientais, o mundo já conseguiu se livrar de *diversas* formas de poluição.
- Ele é um profissional com experiência em *várias* empresas nacionais e multinacionais.
- Em São Paulo, tem *inúmeros* bons restaurantes italianos, japoneses, chineses, indianos, além dos resturantes de cozinha típica brasileira.

CAPÍTULO 9

Adverbios

9.1. Introducción

Los adverbios constituyen una clase de palabras caracterizadas por su gran diversidad de formas, con múltiples funciones. Además de los adverbios propiamente dichos (una sola palabra), hay en PB una gran cantidad de locuciones adverbiales (dos o más palabras, casi siempre con una preposición), con las cuales se pueden expresar las circunstancias más variadas.

Hay que observar que, generalmente, los adverbios y las locuciones adverbiales funcionan de modo semejante en PB y en español.

En este capítulo nos ocuparemos de los aspectos más importantes del empleo de los adverbios y de las locuciones adverbiales en PB.

9.2. Invariables y variables

En la tradición gramatical, el adverbio es definido como palabra *invariable*, es decir, que no presenta marcas de género ni de número. Hay, sin embargo, unas pocas excepciones a esta regla general en PB:

- ***todo* [= totalmente]**
  - Minha camisa branca ficou *toda* manchada de vinho.
  - No verão eu durmo com a janela do meu quarto *toda* aberta.
- ***meio* [= um pouco]**
  - A Patrícia ainda está *meio* insegura com o novo trabalho.

Para la escritura formal, las gramáticas señalan el uso del adverbio **meio** como invariable, pero en el habla es común su empleo con flexión de género:

- A Patrícia ainda está *meia* insegura com o novo trabalho.

9.3. Adverbios con terminación de diminutivo y aumentativo

Es común, en el habla familiar o informal, el empleo de adverbios con el sufijo diminutivo ***-inho*** para dar idea de intensidad:

- Termine isso *rapidinho* porque o tempo está acabando!
- Hoje *de manhãzinha* já estava chovendo muito.
- Me espere, eu tô chegando *agorinha* mesmo.
- Misture os ovos na farinha bem *devagarinho*.
- Nesse frio é muito gostoso dormir *juntinho* de alguém.
- Eu, mudar para o partido de oposição? *Nunquinha*!

Menos frecuente, pero también usual, es el empleo de adverbios con la terminación de **aumentativo**:

- Gosto de ficar até *tardão* assistindo TV.
- O jogador pega a bola e sai *rapidão* em direção ao gol.

9.4. El sufijo *-mente*

9.4.1. Formación

Como en español, en PB se pueden formar adverbios agregando el sufijo *-mente* a un adjetivo en su forma femenina (véanse otros ejemplos de adverbios en *-mente* en 9.9.1):

- *Infelizmente* quanto mais as máquinas facilitam nossa vida, menos nos mexemos.
- *Diferentemente* do texto escrito, o texto oral não pode ser retomado ou reconstruído.
- As coisas não aconteceram *exatamente* como esperávamos.
- *Antigamente* os índios viviam *somente* nas aldeias, hoje muitos vivem nas cidades.
- *Recentemente* uma gravadora anunciou que conseguiu registrar recitais do início do século em CDs.

9.4.2. En secuencias

Cuando hay una secuencia de adverbios em **-mente**, solo el último recibe la terminación (sobre todo en la escritura formal):

- Precisamos reagir *rápida e eficientemente* às consequências da crise econômica.
- Com o novo medicamento, os pacientes dormiram *profunda e longamente*.

9.4.3. Eliminación de la tilde

A diferencia de lo que ocurre en español, cuando el adjetivo tiene tilde en PB, esta desaparece en el adverbio:

- di**fí**cil → dificilmente
- **fá**cil → facilmente
- i**dên**tico → identicamente
- **rá**pido → rapidamente
- **úl**timo → ultimamente

9.5. Formas apocopadas

El adverbio **tanto** asume la forma **tão** cuando se emplea antes de un adjetivo o de otro adverbio (sobre la relación **tanto/tão... que**, véase 10.3.4):

- Nossa, você demorou *tanto* que pensei que não vinha mais.
- O pôr do sol é *tão lindo* que não me canso de ver.
- *Tão logo* terminem minhas aulas, vou viajar pelo Brasil.

A su vez, la forma apocopada **mui** del adverbio **muito** jamás se emplea en el PB actual, hablado o escrito, sino muy raramente, con connotación irónica, pedante o arcaizante:

- *Mui* amigo! — disse o político sobre o senador do partido de oposição. (irónico)

9.6. Lugar

9.6.1. Los adverbios *aqui/cá, aí, ali/lá*

9.6.1.1. Los adverbios **aqui/cá, aí** y **ali/lá** se refieren a las personas involucradas en el discurso:

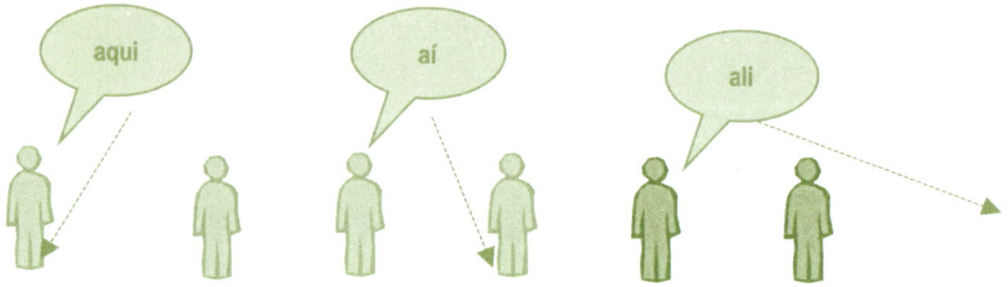

9.6.1.2. En español, el adverbio *ahí* puede referirse también al lugar acerca del cual uno habla con su interlocutor. En PB, sin embargo, esa referencia se hace siempre con **ali** o **lá**, ya que **aí** se emplea exclusivamente para indicar el lugar donde está nuestro interlocutor:

ESPAÑOL	PB
— ¿Te gustó Quito? Yo nací *ahí.*	— Você gostou de Quito? Eu nasci *lá.*
— ¿Nos encontramos en la puerta de la facultad, entonces? — Sí, nos vemos *ahí* a las 5.	— A gente se encontra, então, na porta da faculdade? — Certo, a gente se vê *lá* às 5.
— La calle 8 es muy oscura. Mejor no vayas por *ahí.*	— A rua 8 é muito escura. Melhor você não passar por *lá.*

9.6.1.3. El adverbio **aí** se emplea con muchísima frecuencia en las narraciones para dar ritmo al relato o para introducir nuevas situaciones o personajes:

- — O que é isso vermelho no rosto do menino?
  — Ah, é que ele tava pintando, *aí* sujou o rosto de tinta.
- Meu plano era não ter filhos, mas *aí* eu me casei e acabei tendo três.

9.6.2. Adverbios y locuciones adverbiales de lugar

Son de uso frecuente en PB los siguientes adverbios y locuciones adverbiales de lugar:

9.6.2.1. Acima (de), em cima (de), por cima (de), para cima (de), embaixo/debaixo (de), abaixo (de), para baixo (de), por baixo (de)

Es importante atender a la grafía de estas formas (una o dos palabras): **acima, em cima, embaixo, por cima** etc.

- **acima (de):**
  - Estávamos numa montanha a 2.500 metros *acima do* nível do mar e a temperatura estava *abaixo de* zero.
- **em cima (de)** (también se utiliza la preposición **sobre**):
  - Ela colocou o lenço *em cima dos* ombros.
  - — Onde você pôs o dicionário português-espanhol?
    — Na última prateleira da estante, lá *em cima*.
- **por cima (de):**
  - Para se chegar ao vilarejo, é preciso passar *por cima da* serra.
- **para cima (de):**
  - O motorista perdeu o controle da direção e o carro foi *para cima da* cerca.
- **embaixo/debaixo (de)** (también se puede utilizar la preposição sob, pero es de escaso uso en el habla):
  - Do avião, conseguíamos ver as casinhas lá *embaixo*.
    A sensação de se deitar *debaixo* de uma árvore, na sombra, é deliciosa.
- **abaixo (de):**
  - No quadro *abaixo* estão os cursos oferecidos pela faculdade.
  - A altura dele está *abaixo da* média.
- **para baixo (de):**
  - Se quiser descer o texto na tela do computador, use os botões com as setas *para baixo*.

- Você pode empurrar a mala *pra baixo da* cama, enquanto não guarda no armário.

- **por baixo (de):**
  - A menina atravessou o jardim e passou *por baixo do* portão.
  - No frio, é bom vestir uma blusa de lã e uma camiseta *por baixo*.

Acima (de) e **abaixo (de)** también se emplean con expresiones de edad, temperatura, peso, dinero etc.:

- *acima/abaixo de* 40 anos
- *acima/abaixo de* 40 graus
- *acima/abaixo de* 50 quilos
- *acima/abaixo de* dois milhões de reais

En PB se emplea la expresión **para/pra cima e para/pra baixo** ('por toda parte'):

- Passei a tarde no centro da cidade, andando *pra cima e pra baixo*.

9.6.2.2. Perto (de); longe (de); ao/do lado (de)

- Quando você viaja e fica *longe de* mim, sinto muito a sua falta.
- Por favor, coloque o livro na estante, *do lado dos* dicionários.

9.6.2.3. Dentro (de); fora (de); em volta (de)/ao redor (de)

- Na recepção do casamento, tinha gente por toda parte, *dentro* e *fora* da casa.
- Gosto de caminhar *ao redor da* praça que fica *perto* lá de casa.

9.6.2.4. Em frente a/na frente de/diante de; detrás de/atrás de

- Durante nosso passeio no rio Amazonas, tinha sempre golfinhos *na frente* e *atrás do* barco.
- Muitas vezes não percebemos quantas horas do dia passamos *em frente ao* computador.
- Quando era criança, minha sobrinha gostava de se esconder *atrás da* cortina.

9.6.2.5. Por trás/detrás (de)

- O golfinho passou *por trás/detrás do* barco.

El adverbio **atrás** se emplea frecuentemente con expresiones de tiempo [3.3.3.1].

9.6.2.6. De longe; de perto; à direita (de); à esquerda (de)

- Mesmo depois de tanto tempo sem te ver, eu te reconheceria *de longe*.
- O correio não fica longe. Basta você ir reto e virar na segunda rua *à direita*.

9.6.2.7. Em direção a/na direção de

- A manifestação estava indo *em direção ao* centro da cidade.

En PB es común el empleo de la preposición **de** en locuciones que indican 'lugar desde el cual':

- *Do* meu escritório vejo toda a cidade. (español: *desde*)

9.7. Tiempo

Los adverbios de tiempo funcionan de manera muy semejante en PB y en español (sobre el empleo de la terminación diminutiva y aumentativa, véase 9.3).

PORTUGUÉS BRASILEÑO	ESPAÑOL
agora	ahora
ainda	todavía, aún
amanhã/depois de amanhã	mañana/pasado mañana
antes (de)/depois (de)	antes (de)/después (de)
cedo/tarde	temprano/tarde
enquanto	mientras
hoje	hoy
já	ya
logo	luego, enseguida
ontem/anteontem	ayer/anteayer
recém	recién
sempre/nunca	siempre/nunca

9.7.1. Es común la combinación de **agora/agorinha** con **mesmo** para expresar énfasis:

- Tenho que voltar pra casa agora/agorinha mesmo.

9.7.2. Antes de y **depois de** permiten construciones con sustantivos o con verbos. En el caso de las construcciones con verbos, se emplea el infinitivo conjugado (español: *antes de que/después de que* + verbo conjugado):

- **Sustantivos:**
  - *Depois do* cinema, saímos para lanchar.
  - Hoje eu acordei *antes das* seis (horas).
- **Verbos:**
  - Pretendo assistir os filmes do festival *antes de* saírem de cartaz.
  - *Depois dos* imigrantes italianos chegarem ao Brasil, a polenta passou a fazer parte da culinária brasileira.

9.7.3. Además de su empleo temporal, **já** también suele utilizarse con el sentido de 'por otro lado':

- Os gêmeos eram fisicamente idênticos, mas um era tranquilo e paciente, *já* o outro era muito irritadiço.

9.7.4. Además de las locuciones **tão logo** y **logo que**, que funcionan como conjunciones temporales [10.2.3.5], hay en PB diversas expresiones con **logo**, a saber:

- **até logo:**
  - Tenho que ir agora. *Até logo*!
- **logo depois:**
  - Eu me formei em 2001, *logo depois* fiz um concurso e passei.
- **logo, logo:**
  - Não se preocupe. Com esse tratamento, *logo, logo* você vai ficar bom!
- **logo mais:**
  - O chefe pediu que a secretária voltasse *logo mais* à tarde.

Logo también se puede emplear para expresar una conclusión, así como **portanto**:

- Penso, *logo* existo. (Descartes)
- Este remédio pode causar problemas no estômago, *logo/portanto* é melhor tomar depois das refeições.

9.7.5. **Recém** se suele colocar antes del verbo (o de su participio pasado):

- Ela *recém* chegou e já fez muitos amigos na cidade.
- A biblioteca *recém* adquiriu mil livros novos.
- O laboratório de línguas, *recém*-instalado na escola, tem ajudado muito os alunos.

9.8. Locuciones adverbiales de tiempo y frecuencia

Dado que las locuciones adverbiales de tiempo y frecuencia se forman con preposiciones diversas, las organizamos según la preposición.

9.8.1. Con la preposición *a*

9.8.1.1. A curto/médio/longo prazo

- Meu marido gosta de fazer planos *a longo prazo.*

9.8.1.2. Às ... horas

- A aula começa *às oito horas.*

9.8.1.3. Às/aos + día de la semana:

- Faço caminhadas *às* segundas, quartas e sextas, mas nunca *aos* domingos.

9.8.1.4. Às vezes

- Quando cozinho, *às vezes* me inspiro na culinária asiática.

9.8.1.5. À tarde (à tardinha), à noite (à noitinha) (también se usa *de*)

- A sua consulta médica é amanhã *à tarde.*
- Todo sábado, *à noitinha,* os aposentados se reúnem para jogar cartas e conversar.
- Não gosto de estudar *de noite,* mas foi o único horário que sobrou.

9.8.1.6. Aos ... meses, anos (para expresar la edad, también se usa *com*)

- *Aos* 2 anos de idade, Frederico já andava e falava tudo.

9.8.2. Con la preposición *com*

9.8.2.1. Com ... meses, anos (para expresar la edad, también se usa *aos*)

- *Com seis meses* de aulas, Paulo já falava bem inglês.

9.8.2.2. Com frequência

- Eu não assisto televisão *com* (muita) *frequência.*

9.8.3. Con las preposiciones *de* y *desde*

9.8.3.1. De dia; de manhã (de manhãzinha), de tarde (de tardinha), de noite (de noitinha) (para tarde y noite, también se usa *à)*

- Quando eu cheguei da festa, já era *de manhãzinha* cedo.
- Minhas aulas de português são *de manhã.* (también se usa **por:** *pela manhã*)

9.8.3.2. De vez em quando

- Não gosto de beber, mas *de vez em quando* tomo uma taça de vinho.

9.8.3.3. De ... a ... + expresión de tiempo

- Vou ficar em Aracaju *de* 12 *a* 20 de janeiro.
- A previsão é de que chova *de quinta a domingo*.

9.8.3.4. Daqui a... + expresión de tiempo futuro

- *Daqui a* pouco a gente vai embora.
- *Daqui a* uma semana parto para Santiago, no Chile.

9.8.3.5. Desde + expresión de tiempo pasado

- Os ingressos para o concerto estão esgotados *desde* ontem.
- O museu está organizando a exposição *desde* o ano passado.

9.8.3.6. Desde então

- O último exemplar desta ave foi avistado em 1980. *Desde então*, tem sido considerada extinta.

9.8.4. Con la preposición *em*

9.8.4.1. Na primavera, no verão, no outono, no inverno

- *No verão* a temperatura de algumas capitais brasileiras chega a 40 graus.

9.8.4.2. Em/no ... (día, mes, año)

- *No sábado* vamos comemorar o meu aniversário.
- Minhas férias começam *em julho*.
- A independência do Brasil é comemorada *em* 7 de setembro.

9.8.4.3. Em ... día(s)/semana(s)/mes(es)

- *Em três semanas*, começa o festival de música. (también se usa *daqui a/dentro de*)

9.8.5. Con las preposiciones *para* y *por*

9.8.5.1. Para + *expresión de tiempo*

- O trabalho final do curso é *pra amanhã*.

- Ainda temos comida *para uma semana*.
- Muitos casamentos não são *para sempre*.

9.8.5.2. **Para já**

- Eu preciso de um táxi *pra* já (= *imediatamente*).

9.8.5.3. **Para ontem *(irónico o sarcástico)***

- Fui perguntar ao diretor pra quando era o relatório final e ele me respondeu que era *pra ontem*!

9.8.5.4. **Por ... + *expresión de tiempo***

- Minhas aulas de português são *pela manhã*. (también se usa **de**)
- As escolas entram em férias *por* dois meses.

9.8.5.5. **Por ora, por hoje, por agora, por enquanto**

- *Por ora*, não entraremos em detalhes quanto à aplicação do projeto.
- Sou técnico em enfermagem, mas *por enquanto* não estou atuando na área.

9.8.5.6. **Por ... *(días, semanas, meses, años)***

- Vou tirar licença do trabalho *por cinco dias*.
- Esse escritor ficou preso *por quinze anos* durante a ditadura.

9.8.5.7. **Por volta de ... *(horas)***

- Devo terminar esse relatório *por volta das onze* horas da noite. (también se usa **por,** generalmente con **lá**: *lá pelas onze horas da noite*)

9.9. Modo

9.9.1. *-mente*

En PB, muchos de los adverbios de modo se forman con la terminación **-mente:**

- Quando estou na praia, gosto de caminhar *tranquilamente* no final da tarde.
- O ator respondeu *educadamente*, mas não aceitou o convite para participar da comédia.
- Lave *cuidadosamente* as frutas e verduras antes de comê-las.

9.9.2. Locuciones adverbiales: *com*

Muchas de las locuciones adverbiales de modo se forman con la preposición **com**:

- O professor explicou a matéria *com paciência*.
- O menino comeu o doce *com gosto*.
- Naquela tarde o vento soprava *com força*.

Otras locuciones: *com medo, com prazer, com tristeza, com vontade* etc.

9.9.3. Locuciones adverbiales de modo

Existe una cantidad innumerable de locuciones adverbiales de modo, de manera que es imposible hacer su lista completa. Presentamos a continuación algunos ejemplos:

9.9.3.1. À francesa, à inglesa, à paulista *(reducción de* à moda francesa, inglesa...)

- Gosto muito de filé *à francesa*, mas prefiro a peixada *à baiana*.

9.9.3.2. À vista (esp. *en efectivo*), a prazo, a prestação *(esp. a plazo, en cuotas) ou* em prestações

- Comprar *a prazo* costuma tornar o produto bem mais caro. Por isso, se você tiver o dinheiro, é melhor comprar *à vista*.
- Em nossa loja, a senhora pode pagar *em* até dez *prestações* mensais sem juros.

9.9.3.3. A torto e a direito *(esp. a diestro y siniestro)*

- Tem gente que mal recebe o salário e já sai gastando *a torto e a direito*.

9.9.3.4. À vontade *(esp. a gusto)*

- Naquele restaurante o bufê é ótimo e a gente pode comer *à vontade*.

9.9.3.5. Às gargalhadas *(esp. a carcajadas)*

- A comédia era muito engraçada. Saímos *às gargalhadas*.

9.9.3.6. Às pressas, com pressa *(esp. a prisa, deprisa)*

- Ela estava atrasada e saiu *às pressas*.
- Não dá para tomar decisões sobre coisas importantes *com pressa*.

9.9.3.7. De cor (esp. *de memoria*):

- Aprender *de cor* a matéria nem sempre é a melhor forma de estudar.

9.9.3.8. Por acaso (esp. *por casualidad*):

- Encontrei um antigo namorado na rua *por acaso*.

9.9.4. Medios de transporte

Obsérvese la diferencia entre PB y español respecto a la especificación del medio de transporte utilizado:

PB	ESPAÑOL
de ônibus *de carro* *de avião*	en autobús en avión en auto

Se emplea la misma preposición en:

PB	ESPAÑOL
a pé *a cavalo*	a pie a caballo

9.10. Afirmación, negación y duda

9.10.1. Afirmación

Para la afirmación enfática, se emplean los adverbios **sim**, **claro**, **certamente** y las locuciones adverbiales **sem dúvida**, **com certeza**:

- Vou, *sim*, conseguir passar na prova de português.
- *Claro* que vou conseguir passar na prova de português.
- *Com certeza/sem dúvida/certamente* vou conseguir passar na prova de português.

9.10.2. Negación

9.10.2.1. En PB, los adverbios de negación más comunes son **não** (esp. *no*), **nem** (esp. *ni*), **nunca** (esp. *nunca*), **jamais** (esp. *jamás*):

- — Você já recebeu o dinheiro da indenização?
  — *Não* recebi *nem* um centavo.

9.10.2.2. El adverbio **sequer** (esp. *siquiera*) es de uso más formal, más común en la escritura. Son frecuentes las combinaciones **nem sequer** y **nem mesmo**:

- Ele quer ser prefeito, mas *não* conhece *sequer* a história da cidade.
- O voo saiu com atraso, e a empresa *nem sequer* pagou nosso almoço.

9.10.2.3. En el PB hablado, es frecuente el empleo de dos adverbios para dar énfasis a la negación (sobre la doble negación, véase 10.4.4.2):

- — Você passou mal ontem com a comida do restaurante?
  — *Não* tive nada, *não*.
- *Não* vou deixar de fazer exercícios *nunca*.

9.10.2.4. También son habituales las locuciones adverbiales **de maneira alguma/nenhuma, de forma alguma/nenhuma, de modo algum, de jeito nenhum,** que se pueden emplear indistintamente:

- Quando pedi pra você mudar de atitude, minha intenção não foi, *de modo algum*, magoar você.
- — Você se incomoda se eu fumar aqui?
  — *De maneira nenhuma*.
- Aquele lugar é muito perigoso, você não deve ir lá *de jeito nenhum*.

9.10.2.5. El adverbio **absolutamente**, además de emplearse como adverbio de intensidad, es un adverbio de negación, con el sentido de 'de ninguna manera':

- Não aceito *absolutamente* que você aja de modo tão agressivo. (= de modo algum)
- — Você está aborrecido com o que eu te disse?
  — *Absolutamente*! (= de modo algum)
- O médico foi *absolutamente* claro ao explicar sobre os riscos da doença. (= completamente)

9.10.3. Duda y probabilidad

9.10.3.1. El adverbio de duda más frecuente del PB es **talvez**, que siempre impone el empleo del verbo en modo subjuntivo (sobre el empleo del subjuntivo, véase 3.12.2):

- *Talvez* eu vá conhecer o Pantanal no ano que vem.
- *Talvez* chova amanhã.

9.10.3.2. También se puede emplear **provavelmente** y **possivelmente,** con el verbo en el modo indicativo:

- A jogadora vinha sentindo fortes dores nas costas, *possivelmente* por causa de problemas na coluna.
- *Provavelmente* o país vai ter um bom crescimento econômico no ano que vem.

9.11. Intensidad

9.11.1. Adverbios simples

9.11.1.1. Existen muchos adverbios de intensidad en PB, sobre todo si consideramos los adverbios terminados en *-mente* (*completamente, extremamente, imensamente, profundamente, totalmente* etc.):

- Faz muitos anos que a fazenda do meu avô está *completamente* abandonada.
- Sou *imensamente* grata ao meu professor orientador pelo carinho e pelas valiosas orientações.
- Gostaria de conhecer mais *profundamente* a religião budista.
- No verão eu durmo com a janela do meu quarto *totalmente* aberta.

9.11.1.2. Algunos adverbios de intensidad de uso común son: **apenas** (esp. *solo*), **bastante** (esp. *bastante*), **bem** (esp. *bien*), **demais** (esp. *de más, demasiado*), **mais** (esp. *más*), **meio** (esp. *medio*), **menos** (esp. *menos*), **nada** (esp. *nada*), **tanto** (esp. *tanto*), **tão** (esp. *tan*), **quase** (esp. *casi*), **só** (esp. *solo, solamente*), **todo** (esp. *todo = totalmente*):

- O projeto de construção da ponte perdeu por *apenas* dois votos.
- Este ano trabalhei *demais* e ando *bastante* cansada.
- A Patrícia ainda está *meio* preocupada com a saúde da mãe.
- Ele não foi *nada* simpático com a gente.
- Achei que a prova não foi tão difícil quanto eu esperava, foi *bem* mais fácil.
- Eu estava *quase* pedindo demissão, quando me fizeram uma ótima proposta.
- No verão, *só* quero saber de ir à praia e passear.
- Pode falar. Sou *toda* ouvidos.

9.11.1.3. Mientras en español se usa **apenas** para señalar que la acción del verbo está comenzando, en PB se usa **mal**:

- *Mal* desci para a rua, começou a chover.
- Apenas bajé a la calle se puso a llover.

9.11.2. Locuciones

9.11.2.1. Mais ou menos

- As classes especiais são turmas de *mais ou menos* dez alunos surdos, com professores que sabem português e língua de sinais brasileira.
- — E aí, como é que você está?
  — *Mais ou menos*.

9.11.2.2. Pelo menos/ao menos

- O senhor deve tomar esse remédio por *pelo menos* um mês.
- Os turistas têm *pelo menos* dois ótimos motivos para visitar o Ceará: muitos quilômetros de lindas praias e pessoas muito simpáticas e receptivas.
- O seriado de TV foi inspirado, *ao menos* em parte, na vida de um grande empresário brasileiro.
- No acidente, *ao menos* cinco pessoas ficaram gravemente feridas.

9.11.2.3. Pra burro, pra cachorro *etc.*

En el habla informal, a los brasileños les gusta emplear las locuciones **pra burro, pra cachorro, pra dedéu, pra chuchu** etc. (= 'mucho, muchísimo'):

- O conserto do carro ficou caro *pra burro*.
- Ela é bonita *pra chuchu*.

9.11.3. *Muito* y *pouco*

9.11.3.1. Los adverbios de intensidad más frecuentes del PB son **muito** y **pouco**:

- Se você não praticar exercícios, pode ficar com a resistência física *muito* baixa.
- É *pouco* provável que chova amanhã.

9.11.3.2. El adverbio **muito** jamás concuerda con el sustantivo en género y número, a diferencia de lo que ocurre en español:

PB	ESPAÑOL
Veio *muito mais gente* hoje do que ontem, e *muito mais mulheres* do que homens.	Vino *mucha más gente* hoy que ayer y *muchas más mujeres* que hombres.

9.11.3.3. Hay que prestar atención especial a la pronunciación de estas palabras, que presentan un raro diptongo nasal:

muito	→	[ˈmũĩtu]
muitos	→	[ˈmũĩtus]
muita	→	[ˈmũĩta]
muitas	→	[ˈmũĩtas]

9.11.3.4. El adverbio **pouco** se puede combinar con **muito**:

- Disseram que ele era *muito* simpático e falante, mas durante o jantar ele falou *muito pouco*.

9.11.3.5. Locuciones con **pouco**:

- **pouco mais de**
  - Tinha *pouco mais de* cinquenta pessoas na festa de casamento.
  - A loja foi inaugurada há *pouco mais de* uma semana.
- **pouco a pouco**
  - Quando estamos num país estrangeiro, nos acostumamos *pouco a pouco* com os novos hábitos.
  - A sociedade brasileira vem se libertando dos preconceitos *pouco a pouco*.
- **aos poucos**
  - *Aos poucos* fui aprendendo a gostar de frutos do mar: hoje, eu adoro!

9.11.3.6. Muito y **pouco** pueden recibir la terminación de superlativo *-íssimo* para acentuar la intensidad:

- A população da cidade está *muitíssimo* preocupada com o atraso das obras.
- O grupo de rock esteve no Brasil, mas apareceu *pouquíssimo* em público.

9.12. Adverbios conjuntivos

Algunos adverbios, por su carácter de secuenciación lógica y temporal, sirven para unir oraciones y, por ello, son llamados *conjuntivos*:

9.12.1. *Então*:

- Não consegui falar com meu namorado por telefone, *então* fui pessoalmente na casa dele.

9.12.2. *Assim*:

- Algumas pessoas dirigem sem o cinto de segurança, colocando *assim* sua vida e a dos outros em perigo.

9.12.3. *Também*:

- Que bom que você anotou as informações sobre o conteúdo da prova. Eu *também* anotei.

9.12.4. *Tampouco*:

- Ele nunca prejudicou ninguém, *tampouco* ajudou.

Al contrario del adverbio *tampoco* del español, en PB el adverbio **tampouco** es de uso cada vez más raro y nunca aparece en el habla espontánea. Ha sido sustituido por la locución **também não**:

- — O Júlio não gosta de filmes policiais.
  — Eu *também não*.

9.12.5. Porém, contudo, todavia, entretanto, no entanto son adverbios adversativos, que señalan oposición de ideas:

- Tínhamos a intenção de comprar uma casa, *porém* os juros ficaram muito altos.
- Tínhamos a intenção de comprar uma casa, os juros, *porém*, ficaram muito altos.

Los adverbios *porém, contudo, todavia, entretanto, no entanto* pertenecen al lenguaje escrito cuidado. En el habla común, las construcciones adversativas se hacen con el empleo casi exclusivo de la conjunción *mas* (= *'pero'*).

9.12.6. El adverbio **todavia** del PB no se debe confundir jamás con el español *todavía* (que en PB se dice *ainda*)!

9.12.7. Observación sobre la **puntuación**: se usa coma delante de una oración iniciada por *porém, contudo, todavia, entretanto, no entanto*. Si estas expresiones están en medio de la oración, van entre comas.

- O jogador estava num momento bom de sua carreira, *no entanto*, o acidente o deixou vários meses afastado do campo.
- Estavam felizes porque iam visitar os parentes. Quando chegaram na estação, viram, *contudo*, que não havia ninguém da família.

9.13. Adjetivos y adverbios

9.13.1. Comparativos regulares

9.13.1.1. La comparación de los adjetivos y adverbios se hace por medio de ***mais ... que/do que*** (superioridad) y ***menos ... que/do que*** (inferioridad):

- O novo funcionário faz o trabalho *mais* depressa *do que* o chefe.
- Eu quero um vestido *menos* curto *do que* esse.

9.13.1.2. La comparación de igualdad se hace con ***tão*** + adjetivo o adverbio ... ***quanto***

- Eu acho Buenos Aires *tão* bonita *quanto* Paris!
- Hoje ainda estou me sentindo *tão* mal *quanto* ontem.

9.13.2. Formas especiales de comparativos

Algunos adverbios presentan formas comparativas propias:

- **bem/melhor**
  - O time de vôlei brasileiro joga muito *bem*.
  - No último campeonato, o time de vôlei brasileiro jogou *melhor* do que o time americano.
- **mal/pior**
  - O diretor não veio hoje porque está se sentindo *mal*.
  - Mandei consertar o computador, mas ele está funcionando *pior* do que antes!

Hay que observar la diferencia de grafía entre el adjetivo **mau** ('malo') y el adverbio **mal** ('mal'). Como en la pronunciación normal brasileña la L final suena como [ʊ], no hay distinción oral, lo que conduce a frecuentes errores en la escritura.

9.13.3. Adjetivos con valor adverbial

Muchos adjetivos, en su forma masculina singular, pueden emplearse con valor adverbial:

- Fala **sério**!
- Nossa, como ela canta **bonito**.
- Pega **leve**!
- Você agiu **certo**!
- Pense **grande**!
- Fale **baixo e devagar**!
- Eu tive que falar **grosso** na reunião.
- João se machucou **feio** no acidente.
- O comentarista bateu **duro** nas decisões do governo.
- Dizem que escrever bem é escrever **claro**.
- Vamos pensar **positivo**?
- Eu quero jogar **limpo** com vocês.
- Você está agindo **igual** à sua mãe.
- Procure trabalhar **direito!**
- Quem entra **primeiro**?
- A cerveja que desce **redondo**.

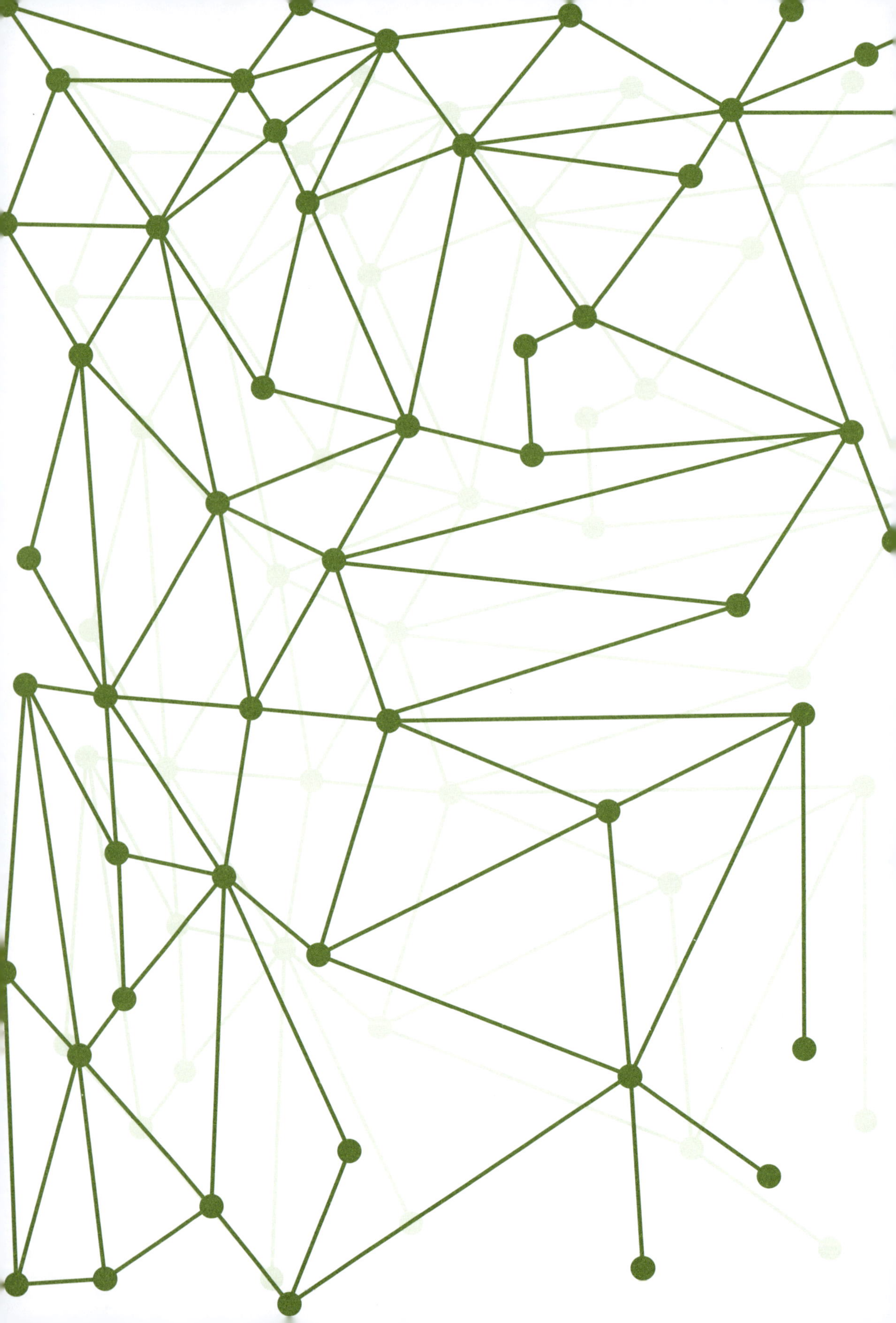

CAPÍTULO 10

Oraciones

10.1. Las oraciones coordinadas

Las oraciones coordinadas pueden ser aditivas, adversativas o alternativas. La coordinación en PB se realiza con el empleo de las siguientes conjunciones:

10.1.1. Aditiva afirmativa: *e* [i]

- O voo 347 sai de Brasília às 8 horas *e* chega a São Paulo às 9:25.

10.1.2. Aditiva negativa: *nem* [nẽĩ]

- A empresa *não* explicou o motivo dos atrasos nas obras *nem* fixou um novo prazo para a entrega do novo hospital.

10.1.3. Adversativa: *mas* [mas]/[mais]

- Eu pensei em ir ao cinema ontem, *mas* começou a chover muito forte.

Obsérvese que no existe en PB una conjunción adversativa negativa, como el *sino* del español. La oposición de ideas se hace siempre con *mas*:

- O governo brasileiro *não* comprou os aviões franceses, *mas* os suecos.

Sobre los adverbios adversativos *porém, contudo, todavia, entretanto, no entanto*, véase 9.12.5.

10.1.4. Alternativa: *ou* [o]

- Ainda não decidi se viajo nessas férias *ou* fico por aqui mesmo.

10.2. Las oraciones subordinadas

10.2.1. Sustantivas

Se construyen con la conjunción ***que***:

- Eu espero *que* você goste do livro que lhe dei.

También se pueden construir con la conjunción ***se*** cuando en la oración principal se expresa duda, incertidumbre etc., o si es una pregunta indirecta:

- Ainda não sei *se* vou ao aniversário da Cláudia.
- A Lúcia perguntou *se* você quer açúcar no seu café.

10.2.2. Adjetivas

Las subordinadas adjetivas son las que se construyen con los *pronombres relativos*, que han sido presentados en 7.2.

- O médico *que* me atendeu ontem era cubano.

10.2.3. Adverbiales

En las oraciones adverbiales, hay que prestar especial atención a la relación entre la conjunción y el modo verbal.

10.2.3.1. Causales

Las oraciones causales se construyen con las conjunciones y locuciones **porque, pois, como, já que, visto que, uma vez que,** de las cuales **porque** es la más frecuente tanto en el habla como en la escritura (se usan con el modo indicativo):

- **Porque, pois**
  - Os bebês crescem saudáveis *porque/pois* se alimentam a cada três horas.

OBSERVACIÓN: Cuando está precedida por **não**, la conjunción **porque** se suele emplear con los tiempos del modo subjuntivo:

  - O funcionário pediu demissão, *não porque* quisesse, mas porque precisava voltar a estudar.

- **Como**
  - *Como* as crianças se *alimentaram* bem, cresceram saudáveis.
  - *Como* ele *era* muito alto, resolveu entrar para o time de basquete.

OBSERVACIONES:
- La oración causal con **como** precede a la oración principal.
- El empleo de **como** con subjuntivo, con valor causal, es más bien literario:
  Como estivesse chovendo, preferiu ir de carro.
- Con el modo subjuntivo, frecuentemente se da la expresión **como se**, pero sin valor causal:
  Ela se comporta *como se* fosse a rainha da Inglaterra. (comparación)

- **Já que**
  - Os vendedores ambulantes torcem por dias de sol, *já que* vendem bem mais nesses dias.

- **Visto que (de uso más formal)**
  - É necessário educar os motoristas, *visto que* uma grande porcentagem de acidentes com vítimas fatais não envolve pedestres.

- **Uma vez que**
  - Não se deve interromper o tratamento, mesmo com o desaparecimento dos sintomas, *uma vez que* infecções são doenças potencialmente graves.

> **Observación:** En PB, **uma vez que** puede tener valor causal o condicional, pero em español *una vez que* es solamente temporal.
> *Uma vez que* você me deixe falar, eu respondo suas perguntas. (condicional)

10.2.3.2. Condicionales

Las oraciones condicionales se construyen con las conjunciones y locuciones **se, caso, desde que, contanto que, a menos que, sem que**, seguidas del subjuntivo:

- **Se/caso**

Para la construcción de las hipótesis con *se* y *caso*, véase 3.18 (hipótesis) y 3.12.1.3.

  - *Se* a irritação nos olhos continuar, é melhor procurar um médico.
  - *Caso* a irritação nos olhos continue, é melhor procurar um médico.

- **Desde que**
  - Eu disse que pagaria o que ele pedisse pelo quadro, *desde que* fosse um preço justo.
- **Contanto que**
  - Gosto de comida de qualquer nacionalidade, *contanto que* seja bem preparada.
- **A menos que**
  - Seu ex-marido vai na inauguração da loja. É melhor você não ir, *a menos que* se controle muito pra vocês não brigarem mais uma vez.
- **Sem que**
  - — Você vai conseguir terminar o trabalho até amanhã cedo?
    — Não *sem que* você me ajude.

10.2.3.3. Concesivas

Las oraciones concesivas son introducidas por las conjunciones y locuciones conjuntivas **embora, mesmo que, ainda que, apesar de que, se bem que,** seguidas del modo subjuntivo:

- **Embora**
  - *Embora* os cartões de Natal e de Ano Novo sejam ilustrados com neve, no Brasil essas datas caem no verão.

- **Mesmo que**
  - Minha professora de espanhol dizia que, *mesmo que* não dominemos bem a língua, devemos sempre tentar nos comunicar.
- **Ainda que**
  - A escola de samba perdeu 15 pontos no desfile por causa do número de integrantes. Mas, *ainda que* não tivesse perdido os 15 pontos, a escola ficaria em último lugar.

10.2.3.4. Finales

Las oraciones finales se construyen con la preposición **para** o con la locución **a fim de**, seguidas de infinitivo verbal:

- Vamos ter de fazer horas extras *para* terminar o trabalho em dia.
- Se você está trabalhando demais, estabeleça uma rotina *a fim de* reservar um tempo pra você mesma.

También se construyen con las locuciones **para que** y **a fim de que**, seguidas de verbo en el subjuntivo:

- A janela costuma ficar fechada *para que* a chuva não molhe os móveis.
- Um dos objetivos do governo é conscientizar os agricultores, *a fim de que* eles adotem tecnologias mais sustentáveis.

10.2.3.5. Temporales

Las oraciones temporales se construyen con la conjunción **quando, enquanto** y con variadas locuciones conjuntivas, como ***antes que, depois que, assim que, logo que, desde que, ao mesmo tempo (em) que*** etc., empleadas con el modo indicativo o subjuntivo, según el contexto:

- **Quando**
  - *Quando* Ana tinha 5 anos, ganhou sua primeira bicicleta.
  - Ficamos de telefonar *quando* chegássemos a Lisboa.
- **Enquanto**

  Enquanto + imperfeito do indicativo: una acción o estado de cosas se pasa al mismo tiempo que otra(s) (veáse 3.7.1):

  - *Enquanto* a mulher apanhava frutas no pomar, o fazendeiro supervisionava as plantações de café e cana-de-açúcar.
  - As crianças brincavam no pátio enquanto *aguardavam* a merenda escolar.

  Enquanto + futuro do subjuntivo: una acción o estado de cosas se pasa al mismo tiempo que otra y ambas se dilatan hasta cierto momento del futuro:

- No futuro, esperamos viver só de música. *Enquanto* esse dia não chegar, vamos ensaiando às terças e quintas à noite, depois do trabalho.
- Vou continuar viajando nas férias *enquanto* tiver promoção para conhecer novas praias.
- A ideia é segurarmos os preços *enquanto* pudermos — disse o gerente da loja.

- **Antes que/depois que**
  - A vida do meu irmão mudou muito *depois que* ele abriu uma empresa.
  - Sua namorada disse que ia te ligar *depois que* saísse da aula.
- **Desde que**
  - *Desde que* eu comecei a estudar português, não paro de pensar em visitar o Brasil.

Observación: Con sentido temporal, **desde que** exige el uso del indicativo. En cambio, con sentido condicional se emplea el subjuntivo. (10.2.3.2)

10.2.3.6. Proporcionales

Las oraciones proporcionales se construyen con las locuciones *à medida que, à proporção que* y otras:

- *À medida que* a área desmatada cresce, aumenta a quantidade de insetos na região.
- *À medida que* os estrangeiros forem interagindo com os falantes nativos, vão conhecendo melhor a língua e a cultura brasileira.

10.3. Las oraciones correlativas

La correlación entre dos oraciones es un tipo de construcción distinta de la coordinación y de la subordinación. Se establece por medio de dos conjunciones o locuciones conjuntivas, una para cada oración. Pueden expresar las siguientes nociones:

10.3.1. Hipótesis

En la formulación de hipótesis, puede darse la combinación: ***se ... então*** (sobre las hipótesis, véase 3.18):

- *Se* o governo prefere fechar os olhos para esses problemas, *então* vai ter de aguentar as consequências dessa omissão.

10.3.2. Proporción

En la expresión de una proporción, se emplea ***quanto mais/menos/ maior/menor... mais/menos/maior/menor...***:

- *Quanto mais* subíamos a montanha, *mais* rarefeito ficava o ar.
- *Quanto mais* aquecida estiver a economia, *menor* será o índice de desemprego.

10.3.3. Comparación

10.3.3.1. De igualdad: tanto (tão) ... quanto/tanto (tão) ... como

- As presidentas do Brasil e do Chile assinaram acordos que *tanto* eram de interesse comercial *quanto* (eram) de cooperação tecnológica.
- Naquela época as escolas não eram *tão* caras *como* (são) hoje.

10.3.3.2. De superioridad: mais ... (do) que

- A reunião, afinal, foi *mais* produtiva *do que* esperávamos.

10.3.3.3. De inferioridad: menos ... (do) que

- Este mês de julho está fazendo *menos* frio *do que* (fez) no ano passado.

10.3.4. Consecuencia

La relación de consecuencia se expresa mediante ***tanto/tão/tal/tamanho ... que:***

- Cheguei *tão* cansado de viagem *que* caí na cama e dormi doze horas seguidas!
- *Tamanho* foi o sucesso da comédia *que* a temporada se estendeu por mais dois meses.

10.3.5. Alternancia

Para expresar distintas alternativas, se emplean habitualmente **nem ... nem, ou ... ou**. En la escritura, se suele usar **seja ... seja**. Las combinaciones **quer ... quer, já ... já, ora ... ora** son poco frecuentes en el PB actual.

- Com a atual taxa de câmbio, o momento é ideal, *seja* para exportar produtos manufaturados, *seja* para importar matéria-prima.
- As notícias sobre a inflação me deixam confusa: *ora* dizem que os preços estão subindo, *ora* dizem que estão baixando.

10.3.6. Adición

En las oraciones correlatas aditivas, se emplea **não só... mas (também)/ como (também)** etc.:

- Os professores em greve *não só* exigem melhores salários, *mas também* (exigem) melhores condições de trabalho.

10.4. Preguntas del tipo *sí/no*

En PB, como en español, hay dos tipos de preguntas: las preguntas con pronombres interrogativos (tratadas en 7.1) y las preguntas del tipo **sí/no**, examinadas aquí. Sin embargo, en PB presentan algunas características que las distinguen de sus correspondientes en español.

10.4.1. Preguntas terminadas en *né, viu, tá, sabe, hein*

Es muy frecuente que el hablante quiera enfatizar su pregunta empleando, al final, pequeñas palabras (llamadas en la literatura linguística *tag-questions*). Son características del PB hablado las siguientes:

10.4.1.1. Né?

Contracción de la pregunta *"não é?"*. Pide el acuerdo del interlocutor a la idea expresada en la pregunta:

- O Álvaro é mesmo muito bonito, *né*?

Puede estar enfatizada por un *não*:

- O trânsito de São Paulo tá cada dia mais complicado, *né não*?

10.4.1.2. Viu?

Perfecto simple del verbo *ver*, llama la atención del interlocutor hacia la información expresada en la pregunta:

- Eu não vou almoçar com vocês hoje não, *viu*?

10.4.1.3. Tá?

Contracción de *"está?"*. Indica una opinión categórica del hablante, una explicación que le da a su interlocutor, o un pedido que le hace:

- Eu não vou mais te emprestar o meu carro, *tá*?

Puede ser enfatizada con el adjetivo *bom*:

- Só entra na sala quando eu te chamar, *tá bom*?

10.4.1.4. Sabe?

Presente del verbo *saber*. Busca la solidaridad/comprensión del interlocutor respecto a la noción expresada en la pregunta:

- Esse passeio na praia me deixou muito cansado, *sabe?* Vou passar o resto do dia em casa.

> **OBSERVACIÓN:** También se suele emplear *sabe* en inicio de frase afirmativa, para introducir un reproche o una opinión contradictoria:
> — *Sabe*, João, eu não gostei do que você me disse ontem pelo telefone.
> En tales circunstancias, también se puede emplear la locución *sabe o que é*:
> — *Sabe o que é,* Mônica, eu acho que você devia desistir de ajudar o Eduardo.

10.4.1.5. Hein? [ẽĩ]

Es una partícula de uso variado. Puede emplearse:

- como equivalente a *"não é?"*:
  - A Regina está cada dia mais bonita, *hein*?
- cuando la persona quiere expresar espanto, sorpresa o indignación:
  - Chegou tarde hoje, *hein*?
  - E você, *hein*, John, faturando 20 mil por palestra!
- cuando la persona indica que no escuchó o no comprendió lo que le ha sido dicho, y equivale a *"o quê?"* o *"como?"*:
  - — Ele disse que não sabia se viria.
    — *Hein*? Ele não vem?

10.4.2. Repetición del verbo

Para enfatizar la negación contenida en la pregunta, es muy frecuente la repetición del verbo:

- Você não *vai* ficar aí parado, *vai*?
- A Jandira não *comprou* o que eu pedi, *comprou*?
- Você não *rasgou* aquela fatura, *rasgou*?

10.4.3. Respuesta afirmativa

10.4.3.1. En las preguntas de tipo *sim/não*, cuando la respuesta es afirmativa, no suele usarse el adverbio **sim**. La respuesta más común se hace con la repetición del verbo contenido en la pregunta (flexionado en la persona que corresponda):

- — O banco *fica* aqui perto?
  — *Fica*. É logo ali.
- — Você *pode* me ajudar a terminar esse trabalho?
  — *Posso*.
- — O Augusto *viajou* mesmo para a Indonésia?
  — *Viajou*.

10.4.3.2. Con los tiempos verbales compuestos, la respuesta se resume al auxiliar:

- — Você *tem visto* o Eduardo ultimamente?
  — *Tenho*.
- — *Tá* chovendo de novo?
  — *Tá*.

10.4.3.3. A veces, se usa el adverbio **sim** después del verbo, en general para expresar énfasis:

- — Você aceita um cafezinho?
  — Aceito, *sim*. Obrigada.
- — Será que ele vai continuar a viagem amanhã bem cedo?
  — Vai, *sim*.

10.4.3.4. Cuando en la pregunta se utilizan los adverbios ***ainda***, ***só*** o ***já***, la respuesta suele darse con la repetición del adverbio:

- — Você *só* toma café sem açúcar?
  — *Só*.
- — Você *já* conhece o Rio de Janeiro?
  — *Já*.
- — Oi, você *ainda* está aí?
  — *Ainda*. / — *Estou*.

10.4.4. Respuesta negativa

10.4.4.1. La respuesta negativa se hace con el adverbio ***não***:

- — Você pegou o pacote que tava em cima da mesa?
  — *Não, não* peguei.
- — Você toca piano?
  — *Não*, toco violino.

10.4.4.2. Sin embargo, en el PB hablado, es frecuente el empleo de dos adverbios para enfatizar la negación. El primero, antes del verbo, es una forma átona de **não**, pronunciada [nũ]. El segundo es la forma tónica [nɐ̃ʊ̃]:

- — Você sabe onde fica a diretoria da faculdade?
  — *Não* sei *não*.
- — Você viu o último filme do Almodóvar?
  — *Não* vi *não*.

10.4.4.3. En algunas variedades regionales, es común que se use un único ***não*** después del verbo:

- — Você conhece o marido da Rafaela?
  — Conheço *não*.

10.4.4.4. Cuando en la pregunta se utiliza el adverbio ***já***, la respuesta negativa suele ser ***ainda não***:

- — O Miguel já voltou das férias?
  — *Ainda não*.

10.5. Doble negación

En PB, como en español, dos negaciones no equivalen a una afirmación:

- *Ninguém nunca* me disse que era proibido fumar aqui!
- *Não* conheço *nenhum* médico especialista nessa área.
- *Ninguém nunca* entende *nada* do que Pedro diz!

10.6. Construcciones con *é que/foi que*

10.6.1. Es muy frecuente en el habla espontánea la inserción de ***é que/foi que*** después del pronombre interrogativo para dar énfasis a la pregunta. La forma ***foi que*** solo se emplea con preguntas sobre el pasado y alterna con ***é que***, empleado tanto para el presente como para el pasado:

- O que *é/foi que* aconteceu?
- Que *é que* você tá esperando?
- Quem *é que* você acha que vai ganhar a aposta?
- Quando *é que* vamos saber os resultados?
- Por que *é que* o André está tão irritado?
- Quanto *é/foi que* você gastou nessa viagem?

10.6.2. Estas construcciones también suelen aparecer en las preguntas indirectas o en frases declarativas en las que se utilicen *o que, quando, onde* etc.:

- O diretor quer saber *quando é que* vocês vão terminar o relatório.
- Eu não me lembro *onde foi que* deixei o telefone celular.

10.6.3. En el habla más informal, es muy común omitirse el verbo *é* de estas construcciones:

- *Que que* você acha da gente ir ao cinema hoje à noite?
- *Onde que* fica melhor pendurar esse quadro?
- *Como que* faz pra deixar a feijoada menos salgada?

10.6.4. Las construcciones con *é que/foi que* también se emplean para realzar uno de los elementos de la declaración:

- Márcia se casou com Antônio, não com Armando.
- *Foi* com Antônio *que* Márcia se casou, não com Armando.
- Não *foi* com Armando *que* Márcia se casou, mas com Antônio.

- — Você não disse isso!
- — Não *foi* você *que* disse isso!
- — Não *foi* isso *que* você disse!

- A escola de línguas fica no segundo andar.
- *É* no segundo andar *que* fica a escola de línguas.

10.7. Omisión de la preposición

La omisión de la preposición delante de la conjunción *que* es un fenómeno muy común en el PB hablado y a veces también en el escrito:

- Eu *gosto de* chocolate.
- Os alunos *gostariam que* tivesse computadores nas salas de aula.
- *Precisamos de* mais investimentos em pesquisa e desenvolvimento.
- Eu *preciso que* meu voo saia depois do meio-dia.
- Muitos jovens *insistem em* viajar sozinhos de carro, apesar de muitas vezes terem a carteira de motorista há pouco tempo.
- O diretor *insistiu que* os professores começassem o curso o mais cedo possível.
- *Tenho a impressão de* já ter visto essa moça antes.
- *Tenho a impressão que* já conheço essa funcionária nova.
- Alberto sempre *se preocupou com* a saúde da mãe.
- Eu *me preocupo que* a gasolina acabe no meio do caminho.

10.8. Omisión de los complementos directos

Una diferencia fundamental entre el PB y el español es el tratamiento de los complementos del verbo. En español los complementos son siempre retomados por pronombres, incluso con cierta redundancia ("*A mí me* gusta el teatro"); en cambio, en PB la regla es la omisión de los pronombres (véase 2.1.5):

- Vamos ouvir *esse disco*? Ganhei ∅ do Miguel, mas até hoje não escutei ∅.
- Não consigo achar *as chaves* do carro! Será que deixei ∅ na cozinha e a Marlene guardou ∅?
- Descasque *as batatas* e ponha ∅ para cozinhar em água fervendo. Retire ∅ depois de meia hora, corte ∅ em rodelas e tempere ∅ com azeite e orégano. Sirva ∅ ainda quente.

El complemento directo no es retomado por pronombre ni siquiera cuando está al comienzo de la oración como forma de énfasis:

- *Esse computador* foi meu pai que me deu ∅.

Cuando en la respuesta se emplea el mismo verbo de la pregunta (véase 10.4.3), el complemento también se omite:

- — Você viu a Zélia hoje?
  — Vi ∅.

10.9. Retomada del sujeto

Si, por un lado, se omiten los complementos directos, por otro, con los sujetos ocurre exactamente lo contrario. En el PB hablado actual, es muy frecuente que se enuncie el tema del que se va a hablar y en seguida este tema sea retomado por un pronombre sujeto:

- *Esse tipo de cirurgia, ele* tá ficando cada vez mais comum.
- *O peixe cru, ele* tem que ser muito bem preparado.
- *A história do Brasil, ela* começa antes dos portugueses chegarem por aqui.

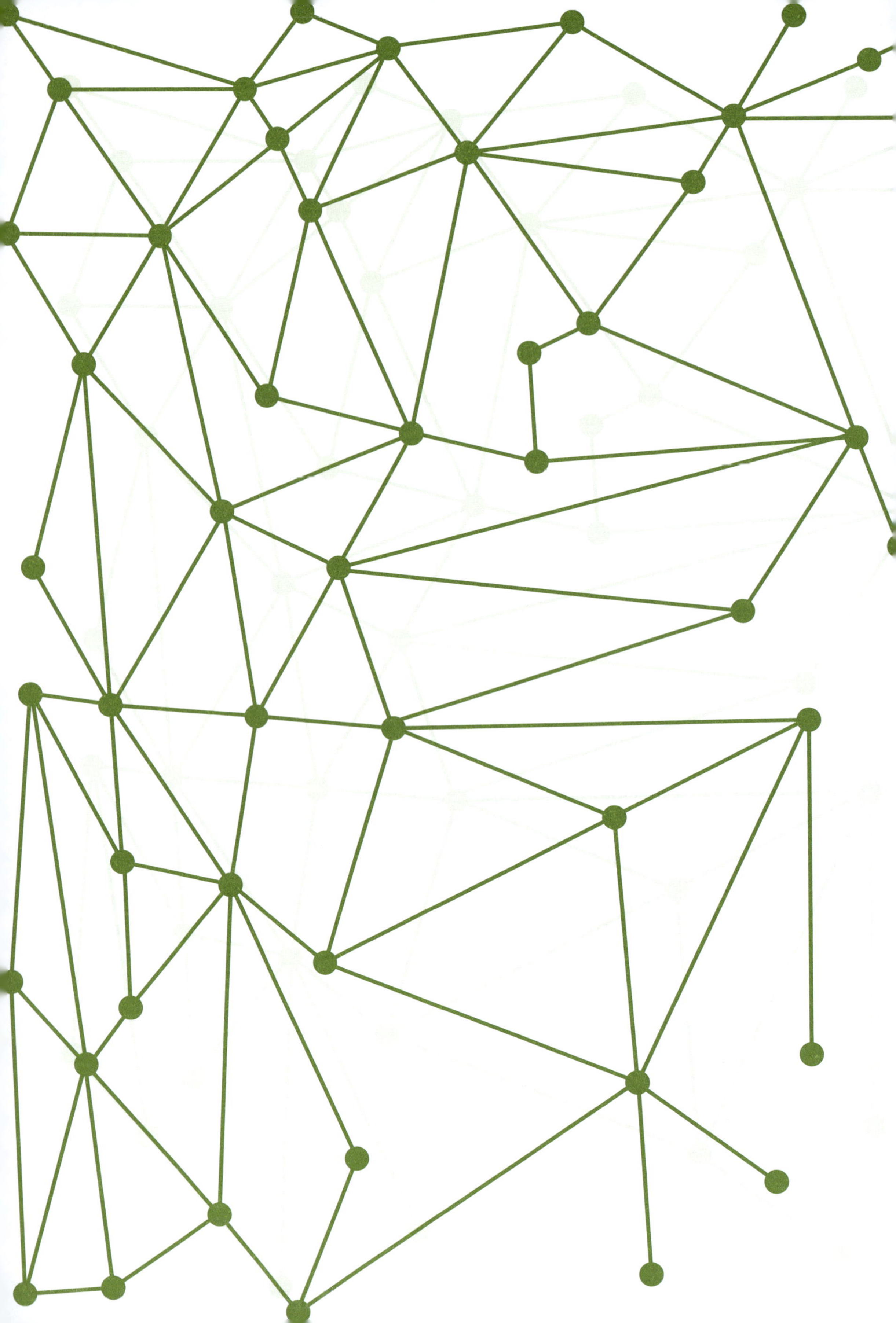

Anexos

ANEXO I

ADJETIVOS GENTILICIOS DE LOS ESTADOS BRASILEÑOS Y DE ALGUNAS CIUDADES

Para los estados de Brasil se utilizan los siguientes gentilicios:

ESTADO	GENTILICIO
Acre	acriano, -s, -a, -as
Alagoas	alagoano, -s, -a, -as
Amapá	amapaense, -s
Amazonas	amazonense, -s
Bahia	baiano, -s, -a, -as
Ceará	cearense, -s
Espírito Santo	capixaba, -s
Goiás	goiano, -s, -a, -as
Maranhão	maranhense, -s
Mato Grosso	mato-grossense, -s
Mato Grosso do Sul	sul-mato-grossense, -s
Minas Gerais	mineiro, -s, -a, -as
Pará	paraense, -s
Paraíba	paraibano, -s, -a, -as
Paraná	paranaense, -s
Pernambuco	pernambucano, -s, -a, -as
Piauí	piauiense, -s
Rio de Janeiro	fluminense, -s
Rio Grande do Norte	potiguar, -es
Rio Grande do Sul	gaúcho, -s, -a, -as
Rondônia	rondoniense, -s
Roraima	roraimense, -s
Santa Catarina	catarinense, -s
São Paulo	paulista, -s
Sergipe	sergipano, -s, -a, -as
Tocantins	tocantinense, -s

Algunas ciudades tienen adjetivos gentilicios especiales:

CIUDAD	GENTILICIO
Brasília	brasiliense, -s/candango, -s, -a, -as
Manaus	manauara, -s
Rio de Janeiro	carioca, -s
Salvador	soteropolitano, -s, -a, -as
São Luís	ludovicense, -s
São Paulo	paulistano, -s, -a, -as

Para formar los gentilicios derivados de **nombres de países**, se emplean en PB las mismas terminaciones que en español:

- *-ano/-ana*: boliviano, italiano, venezuelana, mexicana etc.
- *-ense*: nicaraguense, canadense, israelense etc.
- *-ês/-esa*: francês, inglês, português, chinesa, japonesa etc.

En algunos casos, también se emplea la terminación *-ão* (femenino: *-ã*):

- *alemão/alemã*; *afegão/afegã*; *letão/letã*; *catalão/catalã*.

La terminación *-enho* en PB es um préstamo del español *-eño* y se emplea en los mismos gentilicios: *hondurenho, salvadorenho, panamenho, portenho, madrilenho* etc. Para los naturales de Guatemala también se dice *guatemalteco* en PB. Y en el caso de Paraguay y Uruguay, la Y es sustituida por la I: *paraguaio, uruguaio.*

No se emplea en PB la terminación *-í*, que se utiliza en español para algunos países de Oriente (*israelí, pakistaní, iraní, iraquí* etc.). En PB se dice *israelense, paquistanês, iraniano* e *iraquiano.*

ANEXO II

FORMACIÓN DEL PLURAL DE SUSTANTIVOS Y ADJETIVOS

(I) La regla básica de formación del plural en PB, como en español, es el agregado de la *-s*, cuando la palabra termina en **vocal**, incluso la I e la U tónicas:

- baú → baús
- caqui → caquis
- rubi → rubis
- tatu → tatus

Sin embargo, las palabras con la terminación ***-ão*** presentan características particulares:

(1) la forma de plural más común es la transformación de *-ão* en *-ões* de las palabras oxítonas (última sílaba tónica):

- anão → anões
- atenção → atenções
- chorão → chorões
- comilão → comilões
- coração → corações
- limão → limões
- ocasião → ocasiões
- paixão → paixões
- vulcão → vulcões

(2) si la palabra es monosilábica o paroxítona (penúltima sílaba tónica), solo se agrega la *-s*:

- bênção → bênçãos
- grão → grãos
- mão → mãos
- órfão → órfãos
- órgão → órgãos
- sótão → sótãos
- vão → vãos

(3) Hay, sin embargo, muchos casos imprevisibles y es necesario aprenderlos explícitamente. Los más empleados son:

(a) plural en ***-ães***

- alemão → alemães
- cão → cães
- capelão → capelães
- capitão → capitães
- catalão → catalães
- escrivão → escrivães
- pão → pães
- tabelião → tabeliães

(b) plural en ***-ãos***

- cidadão → cidadãos
- cristão → cristãos
- irmão → irmãos
- pagão → pagãos

(c) plurales múltiples

- aldeão → aldeãos/aldeães/aldeões
- ancião → anciãos/anciães/anciões
- charlatão → charlatães/charlatões
- corrimão → corrimãos/corrimões
- cortesão → cortesãos/cortesões
- guardião → guardiães/guardiões
- sacristão → sacristães/sacristãos

En tales casos, hay una tendencia a preferir las formas con terminación *-ões*.

(II) En los casos de finales **consonantales**, las reglas son las siguientes:

(1) *-m* → se cambia la *-m* por *-n* y se agrega la *-s*

- álbum → álbuns
- algum → alguns
- armazém → armazéns
- bem → bens
- bom → bons
- cupom → cupons
- fim → fins
- homem → homens
- trem → trens

(2) *-n* → se agrega la *-s*:

- hífen → hifens (o también hífenes)
- abdômen → abdomens (o también abdômenes)
- pólen → polens (o también pólenes)
- rúmen → rumens (o también rúmenes)

A excepción de *hífen*, las palabras con final *-n* son raras en portugués y son de uso científico especializado.

(3) *-r, -s, -z* → se agrega la terminación *-es*:

- dever → deveres
- francês → franceses
- gás → gases
- juiz → juízes
- lugar → lugares
- mar → mares
- país → países
- raiz → raízes

- veloz → velozes
- vez → vezes

OBSERVACIÓN: No hay cambio de *-z* por *-c* como en español (*cruz : cruces*).

Hay unos pocos casos en que el plural es igual al singular de palabras con terminación *-s*:

- o atlas → os atlas
- o cais → os cais
- o lápis → os lápis
- o ônibus → os ônibus
- o pires → os pires

(4) *-al, -el, -ol, -ul* → *-ais, -eis (-éis), -óis, -uis*

- azul → azuis
- jornal → jornais
- lençol → lençóis
- nível → níveis
- papel → papéis

EXCEPCIÓN: *cônsul : cônsules*

(5) *-il* → *is*

- barril → barris
- funil → funis
- fuzil → fuzis
- gentil → gentis

(6) *-x* → no cambian en el plural o reciben la terminación *-es*:

- o fax → os fax/os faxes
- o pirex → os pirex/os pirexes

Son poquísimas las palabras con terminación *-x*.

ANEXO III

FALSOS AMIGOS

Un **falso amigo** es una palabra de otro idioma que se parece, en la escritura o en la pronunciación, a una palabra en la lengua materna del hablante, pero que tiene un significado diferente.

Listamos abajo los más importantes falsos amigos entre PB y español, con el significado que tiene la palabra del español en PB y el significado de la palabra de PB en español.

ESPAÑOL	PB
ABSORTO **PB**: *entregado totalmente a una meditación, lectura etc.*	**ABSORTO** **ESP**: *admirado; pasmo*
ACEITAR **PB**: *azeitar*	**ACEITAR** **ESP**: *aceptar*
ACORDARSE **PB**: *recordar, lembrar-se*	**ACORDAR** **ESP**: *despertar*
ADOBO **PB**: *tempero*	**ADOBO** **ESP**: *adobe*
ALARGAR **PB**: *estender, ampliar (no comprimento)*	**ALARGAR** **ESP**: *ensanchar; volver más ancho*
ALIAS **PB**: *apelido, alcunha*	**ALIÁS** **ESP**: *de otra manera; sin embargo; mejor dicho*
ALMOHADA **PB**: *travesseiro*	**ALMOFADA** **ESP**: *cojín*
ANO **PB**: *ânus*	**ANO** **ESP**: *año*
APELLIDO **PB**: *sobrenome*	**APELIDO** **ESP**: *apodo*
ASIGNATURA **PB**: disciplina (escolar)	**ASSINATURA** **ESP**: firma
AZOGUE **PB**: *mercúrio*	**AÇOUGUE** **ESP**: *carnicería*
BALCÓN **PB**: *varanda*	**BALCÃO** **ESP**: *mostrador; barra (de los bares)*
BARANDA **PB**: *balaustrada; peitoril*	**VARANDA** **ESP**: *balcón, porche*
BARATA **PB**: *fem. de barato ('de bajo precio')*	**BARATA** **ESP**: *cucaracha*
BECA **PB**: *bolsa de estudos*	**BECA** **ESP**: *toga*
BENGALA **PB**: *ratã (planta)*	**BENGALA** **ESP**: *bastón de apoyo para caminar*
BERRO **PB**: *agrião*	**BERRO** **ESP**: *grito, berreo*
BICHA **PB**: *bicho, animal*	**BICHA** **ESP**: *peyorativo para 'homosexual'*

BIZARRO **PB:** *valente*	**BIZARRO** **ESP:** *raro, excéntrico, incomún*
BIZNAGA **PB:** *bisnaga (planta)*	**BISNAGA** **ESP:** *tubo de dentífrico etc.; baguette (pan)*
BOA **PB:** *jiboia*	**BOA** **ESP:** *buena*
BOATO **PB:** *ostentação*	**BOATO** **ESP:** *rumor*
BOLSO **PB:** *bolsa (de viagem, esportiva)*	**BOLSO** **ESP:** *bolsillo*
BORRACHA **PB:** *ébria, embriagada*	**BORRACHA** **ESP:** *caucho*
BORRAR **PB:** *apagar*	**BORRAR** **ESP:** *ensuciar; defecar*
BOTIQUÍN **PB:** kit *de primeiros socorros*	**BOTEQUIM** **ESP:** *bar; taberna*
BULTO **PB:** *volume ou tamanho de alguma coisa*	**VULTO** **ESP:** *bulto (cuerpo indistinguible por la distancia, por falta de luz o por estar cubierto)*
BUZO **PB:** *mergulhador*	**BUÇO** **ESP:** *bozo*
CACHORRO **PB:** *filhote (de mamífero)*	**CACHORRO** **ESP:** *perro*
CADERA **PB:** *cadeira (parte do corpo humano)*	**CADEIRA** **ESP:** *silla*
CALZA **PB:** *meia-calça*	**CALÇA** **ESP:** *pantalón*
CALZADA **PB:** *pavimento (parte da rua entre as duas calçadas)*	**CALÇADA** **ESP:** *acera*
CAMISOLA **PB:** *camiseta; camisa.*	**CAMISOLA** **ESP:** *camisón de dormir* (femenino)
CARRO **PB:** *carroça*	**CARRO** **ESP:** *coche, automóvil*
CARROZA **PB:** *carruagem*	**CARROÇA** **ESP:** *carro, carreta, carretilla*
CENA **PB:** *ceia; jantar*	**CENA** **ESP:** *escena*
CLAVO **PB:** *prego*	**CRAVO** **ESP:** *clavel*

COLAR **PB**: *escoar, filtrar*	**COLAR** **ESP:** *pegar; en lenguaje escolar: 'hacer chuleta'; collar (adorno)*
COPO **PB**: *floco (de neve, de chocolate)*	**COPO** **ESP:** *vaso (de agua)*
CRIANZA **PB**: *criação*	**CRIANÇA** **ESP:** *niño*
DESENVOLVER **PB**: *desembrulhar, desdobrar*	**DESENVOLVER** **ESP:** *desarrollar*
DESMANCHAR **PB**: *afastar-se das amizades; fugir; sair correndo*	**DESMANCHAR** **ESP:** *deshacer; desarmar; desmontar; diluir; desleír*
DESPIDO **PB**: *despedida; demissão*	**DESPIDO** **ESP:** *desnudo*
DOCE **PB**: *doze*	**DOCE** **ESP:** *dulce*
ENDEREZAR **PB**: *endireitar; aprumar*	**ENDEREÇAR** **ESP:** *poner una dirección en (una carta etc.)*
ENGRASADO **PB**: *engordurado*	**ENGRAÇADO** **ESP:** *gracioso; chistoso*
ENROLAR **PB**: *alistar (na marinha ou no exército)*	**ENROLAR** **ESP:** *enrollar; arrollar*
ESCOBA **PB**: *vassoura*	**ESCOVA** **ESP:** *cepillo*
ESTAFA **PB**: *burla; ludíbrio*	**ESTAFA** **ESP:** *cansancio; agotamiento*
EXPRIMIR **PB**: *espremer (fruta)*	**EXPRIMIR** **ESP:** *expresar; pronunciar*
EXQUISITO **PB**: *requintado; refinado; delicioso*	**ESQUISITO** **ESP:** *curioso; raro; incomún*
FARO **PB**: *farol*	**FARO** **ESP:** *olfato (de animales)*
FECHAR **PB**: *datar*	**FECHAR** **ESP:** *cerrar*
FINCAR **PB**: *adquirir imóvel rural*	**FINCAR** **ESP:** *hincar; clavar; afincar*
FRANJA **PB**: *franja (ornamento feito de fios)*	**FRANJA** **ESP:** *flequillo*
FUNDA **PB**: *fronha*	**FUNDA** **ESP:** *honda*

GANANCIA **PB**: *ganho; lucro*	**GANÂNCIA** **ESP:** *avidez; codicia*
GARRAFA **PB**: *garrafão*	**GARRAFA** **ESP:** *botella*
INTERÉS (econ.) **PB**: *juros*	**INTERESSE** **ESP:** *interés*
JORNAL **PB**: *diária (salário pago ao dia)*	**JORNAL** **ESP:** *periódico diario*
JUGO **PB**: *suco*	**JUGO** **ESP:** *yugo*
LARGO **PB**: *comprido*	**LARGO** **ESP:** *ancho*
LORO **PB**: *papagaio*	**LOURO** **ESP:** *laurel; rubio*
MAESTRO **PB**: *professor (de ensino fundamental)*	**MAESTRO** **ESP:** *director de orquesta*
MANCO **PB**: *maneta*	**MANCO** **ESP:** *cojo*
MANTECA **PB**: *banha*	**MANTEIGA** **ESP:** *mantequilla*
MERCERÍA **PB**: *armarinho*	**MERCEARIA** **ESP:** *tienda de comestibles*
MERMELADA **PB**: *geleia*	**MARMELADA** **ESP:** *dulce de membrillo*
NIÑO **PB**: *criança*	**NINHO** **ESP:** *nido*
OFICINA **PB**: *escritório*	**OFICINA** **ESP:** *taller (sobre todo para reparar automóviles)*
OSO **PB**: *urso*	**OSSO** **ESP:** *hueso*
PALCO **PB**: *camarote*	**PALCO** **ESP:** *tablado; escenario*
PASTEL **PB**: *bolo*	**PASTEL** **ESP:** *empanadilla (frita)*
PELO **PB**: *cabelo*	**PELO** **ESP:** *pelo de animal*
PELUQUERO **PB**: *cabelereiro; barbeiro*	**PERUQUEIRO** **ESP:** *fabricante de pelucas*
PLANCHA **PB**: *ferro de passar*	**PRANCHA** **ESP:** *tablón; tabla de surf*

POLVO **PB**: *pó*	**POLVO** **ESP:** *pulpo*
PREDIO **PB**: *herdade; fazenda; quinta*	**PRÉDIO** **ESP:** *edificio*
PRESUNTO **PB**: *presumido; suposto*	**PRESUNTO** **ESP:** *jamón*
RANGO **PB**: *categoria; classe*	**RANGO** **ESP:** *comida; alimento (en el habla informal)*
RATO **PB**: *instante; momento*	**RATO** **ESP:** *ratón*
RETO **PB**: *repto; desafio*	**RETO** **ESP:** *recto*
ROJO **PB**: *vermelho*	**ROXO** **ESP:** *violeta (color)*
SALADA **PB**: *salgada*	**SALADA** **ESP:** *ensalada*
SALSA **PB**: *molho*	**SALSA** **ESP:** *perejil*
SINO **PB**: *senão*	**SINO** **ESP:** *campana*
SOBREMESA **PB**: *toalha de mesa; tempo que se passa à mesa depois da refeição*	**SOBREMESA** **ESP:** *postre*
SÓTANO **PB**: *porão*	**SÓTÃO** **ESP:** *altillo*
TAPA **PB**: *tampa*	**TAPA** **ESP:** manotazo; *bofetada*
TAZA **PB**: *xícara*	**TAÇA** **ESP:** *copa (sobre todo para tomar vino)*
TIMBRE **PB**: *campainha*	**TIMBRE** **ESP:** *calidad de la voz; sello*
TIRAR **PB**: *lançar; atirar; jogar fora*	**TIRAR** **ESP:** *sacar; quitar*
TODAVÍA **PB**: *ainda*	**TODAVIA** **ESP:** *sin embargo*
VASO **PB**: *copo*	**VASO** **ESP:** *maceta; florero*
ZURDO **PB**: *canhoto*	**SURDO** **ESP:** *sordo*

ANEXO IV
Conjugación de verbos

Tabla de conjugación de los verbos regulares			
PERSONA	FALAR	VENDER	DIVIDIR
	INDICATIVO		
	Presente simple		
eu	fal.O	vend.O	divid.O
tu	fal.AS	vend.ES	divid.ES
você/ele/ela/a gente	fal.A	vend.E	divid.E
nós	fal.AMOS	vend.EMOS	divid.IMOS
vocês/eles/elas	fal.AM	vend.EM	divid.EM
	Perfecto simple		
eu	fal.EI	vend.I	divid.I
tu	fal.ASTE	vend.ESTE	divid.ISTE
você/ele/ela/a gente	fal.OU	vend.EU	divid.IU
nós	fal.AMOS	vend.EMOS	divid.IMOS
vocês/eles/elas	fal.ARAM	vend.ERAM	divid.IRAM
	Imperfecto simple		
eu	fal.AVA	vend.IA	divid.IA
tu	fal.AVAS	vend.IAS	divid.IAS
você/ele/ela/a gente	fal.AVA	vend.IA	divid.IA
nós	fal.ÁVAMOS	vend.ÍAMOS	divid.ÍAMOS
vocês/eles/elas	fal.AVAM	vend.IAM	divid.IAM
	Pluscuamperfecto simple		
eu	fal.ARA	vend.ERA	divid.IRA
tu	fal.ARAS	vend.ERAS	divid.IRAS
você/ele/ela/a gente	fal.ARA	vend.ERA	divid.IRA
nós	fal.ÁRAMOS	vend.ÊRAMOS	divid.ÍRAMOS
vocês/eles/elas	fal.ARAM	vend.ERAM	divid.IRAM
	Futuro simple		
eu	fal.AREI	vend.EREI	divid.IREI
tu	fal.ARÁS	vend.ERÁS	divid.IRÁS

você/ele/ela/a gente	fal.ARÁ	vend.ERÁ	divid.IRÁ
nós	fal.AREMOS	vend.EREMOS	divid.IREMOS
vocês/eles/elas	fal.ARÃO	vend.ERÃO	divid.IRÃO
	CONDICIONAL SIMPLE		
eu	fal.ARIA	vend.ERIA	divid.IRIA
tu	fal.ARIAS	vend.ERIAS	divid.IRIAS
você/ele/ela/a gente	fal.ARIA	vend.ERIA	divid.IRIA
nós	fal.ARÍAMOS	vend.ERÍAMOS	divid.IRÍAMOS
vocês/eles/elas	fal.ARIAM	vend.ERIAM	divid.IRIAM
	SUBJUNTIVO		
	PRESENTE		
eu	fal.E	vend.A	divid.A
tu	fal.ES	vend.AS	divid.AS
você/ele/ela/a gente	fal.E	vend.A	divid.A
nós	fal.EMOS	vend.AMOS	divid.AMOS
vocês/eles/elas	fal.EM	vend.AM	divid.AM
	IMPERFECTO		
eu	fal.ASSE	vend.ESSE	divid.ISSE
tu	fal.ASSES	vend.ESSES	divid.ISSES
você/ele/ela/a gente	fal.ASSE	vend.ESSE	divid.ISSE
nós	fal.ÁSSEMOS	vend.ÊSSEMOS	divid.ÍSSEMOS
vocês/eles/elas	fal.ASSEM	vend.ESSEM	divid.ISSEM
	FUTURO		
eu	fal.AR	vend.ER	divid.IR
tu	fal.ARES	vend.ERES	divid.IRES
você/ele/ela/a gente	fal.AR	vend.ER	divid.IR
nós	fal.ARMOS	vend.ERMOS	divid.IRMOS
vocês/eles/elas	fal.AREM	vend.EREM	divid.IREM
	IMPERATIVO		
tu	fal.A	vend.E	divid.E
você	fal.E	vend.A	divid.A
nós	fal.EMOS	vend.AMOS	divid.AMOS
vocês	fal.EM	vend.AM	divid.AM

	Infinitivo conjugado		
eu	fal.AR	vend.ER	divid.IR
tu	fal.ARES	vend.ERES	divid.IRES
você/ele/ela/a gente	fal.AR	vend.ER	divid.IR
nós	fal.ARMOS	vend.ERMOS	divid.IRMOS
vocês/eles/elas	fal.AREM	vend.EREM	divid.IREM
FORMAS NOMINALES	Gerundio		
	fal.ANDO	vend.ENDO	divid.INDO
	Participio pasado		
	fal.ADO	vend.IDO	divid.IDO

Conjugación de algunos verbos irregulares

DAR (*esp.* dar)

Indicativo	
Presente simple:	dou, dás, dá, damos, dão
Perfecto simple:	dei, deste, deu, demos, deram
Imperfecto simple:	dava, davas, dava, dávamos, davam
Pluscuamperfecto simple:	dera, deras, dera, déramos, deram
Futuro simple:	darei, darás, dará, daremos, darão
Condicional simple:	daria, darias, daria, daríamos, dariam
Subjuntivo	
Presente:	dê, dês, dê, demos, deem
Imperfecto:	desse, desses, desse, déssemos, dessem
Futuro:	der, deres, der, dermos, derem
Imperativo:	dá/dê, demos, deem
Infinitivo conjugado:	dar, dares, dar, darmos, darem
Gerundio:	dando
Particpio:	dado

DIZER (*esp.* decir)

Indicativo	
Presente simple:	digo, dizes, diz, dizemos, dizem
Perfecto simple:	disse, disseste, disse, dissemos, disseram
Imperfecto simple:	dizia, dizias, dizia, dizíamos, diziam
Pluscuamperfecto simple:	dissera, disseras, dissera, disséramos, disseram
Futuro simple:	direi, dirás, dirá, diremos, dirão
Condicional simple:	diria, dirias, diria, diríamos, diriam
Subjuntivo	
Presente:	diga, digas, diga, digamos, digam
Imperfecto:	dissesse, dissesses, dissesse, disséssemos, dissessem
Futuro:	disser, disseres, disser, dissermos, disserem
Imperativo:	diz/diga, digamos, digam
Infinitivo conjugado:	dizer, dizeres, dizer, dizermos, dizerem
Gerundio:	dizendo
Participio:	dito

ESTAR (*esp.* estar)

Indicativo

Presente simple:	estou, estás, está, estamos, estão
Perfecto simple:	estive, estiveste, esteve, estivemos, estiveram
Imperfecto simple:	estava, estavas, estava, estávamos, estavam
Pluscuamperfecto simple:	estivera, estiveras, estivera, estivéramos, estiveram
Futuro simple:	estarei, estarás, estará, estaremos, estarão
Condicional simple:	estaria, estarias, estaria, estaríamos, estariam
Subjuntivo	
Presente:	esteja, estejas, esteja, estejamos, estejam
Imperfecto:	estivesse, estivesses, estivesse, estivéssemos, estivessem
Futuro:	estiver, estiveres, estiver, estivermos, estiverem
Imperativo:	está/esteja, estejamos, estejam
Infinitivo conjugado:	estar, estares, estar, estarmos, estarem
Gerundio:	estando
Participio:	estado

FAZER (*esp.* hacer)

Indicativo

Presente simple:	faço, fazes, faz, fazemos, fazem
Perfecto simple:	fiz, fizeste, fez, fizemos, fizeram
Imperfecto simple:	fazia, fazias, fazia, fazíamos, faziam
Pluscuamperfecto simple:	fizera, fizeras, fizera, fizéramos, fizeram
Futuro simple:	farei, farás, fará, faremos, farão
Condicional simple:	faria, farias, faria, faríamos, fariam
Subjuntivo	
Presente:	faça, faças, faça, façamos, façam
Imperfecto:	fizesse, fizesses, fizesse, fizéssemos, fizessem
Futuro:	fizer, fizeres, fizer, fizermos, fizerem
Imperativo:	faz/faça, façamos, façam
Infinitivo conjugado:	fazer, fazeres, fazer, fazermos, fazerem
Gerundio:	fazendo
Participio:	feito

HAVER (*esp.* haber)

Indicativo

Presente simple:	hei, hás, há, havemos, hão
Perfecto simple:	houve, houveste, houve, houvemos, houveram
Imperfecto simple:	havia, havias, havia, havíamos, haviam
Pluscuamperfecto simple:	houvera, houveras, houvera, houvéramos, houveram
Futuro simple:	haverei, haverás, haverá, haveremos, haverão
Condicional simple:	haveria, haverias, haveria, haveríamos, haveriam
Subjuntivo	
Presente:	haja, hajas, haja, hajamos, hajam
Imperfecto:	houvesse, houvesses, houvesse, houvéssemos, houvessem
Futuro:	houver, houveres, houver, houvermos, houverem
Imperativo:	haja
Infinitivo conjugado:	haver, haveres, haver, havermos, haverem
Gerundio:	havendo
Participio:	havido

IR (*esp.* ir)

Indicativo

Presente simple:	vou, vais, vai, vamos, vão
Perfecto simple:	fui, foste, foi, fomos, foram
Imperfecto simple:	ia, ias, ia, íamos, iam
Pluscuamperfecto simple:	fora, foras, fora, fôramos, foram
Futuro simple:	irei, irás, irá, iremos, irão
Condicional simple:	iria, irias, iria, iríamos, iriam
Subjuntivo	
Presente:	vá, vás, vá, vamos, vão
Imperfecto:	fosse, fosses, fosse, fôssemos, fossem
Futuro:	for, fores, for, formos, forem
Imperativo:	vai/vá, vamos, vão
Infinitivo conjugado:	ir, ires, ir, irmos, irem
Gerundio:	indo
Participio:	ido

LER (*esp.* leer)

Indicativo

Presente simple:	leio, lês, lê, lemos, leem
Perfecto simple:	li, leste, leu, lemos, leram
Imperfecto simple:	lia, lias, lia, líamos, liam
Pluscuamperfecto simple:	lera, leras, lera, lêramos, leram
Futuro simple:	lerei, lerás, lerá, leremos, lerão
Condicional simple:	leria, lerias, leria leríamos, leriam
Subjuntivo	
Presente:	leia, leias, leia, leiamos, leiam
Imperfecto:	lesse, lesses, lesse, lêssemos, lessem
Futuro:	ler, leres, ler, lermos, lerem
Imperativo:	lê/leia, leiamos, leiam
Infinitivo conjugado:	ler, leres, ler, lermos, lerem
Gerundio:	lendo
Participio:	lido

ODIAR (*esp.* odiar)

Indicativo

Presente simple:	odeio, odeias, odeia, odiamos, odeiam
Perfecto simple:	odiei, odiaste, odiou, odiamos, odiaram
Imperfecto simple:	odiava, odiavas, odiava, odiávamos, odiavam
Pluscuamperfecto simple:	odiara, odiaras, odiara, odiáramos, odiaram
Futuro simple:	odiarei, odiarás, odiará, odiaremos, odiarão
Condicional simple:	odiaria, odiarias, odiaria, odiaríamos, odiariam
Subjuntivo	
Presente:	odeie, odeies, odeie, odiemos, odeiem
Imperfecto:	odiasse, odiasses, odiasse, odiássemos, odiassem
Futuro:	odiar, odiares, odiar, odiamos, odiarem
Imperativo:	odeia/odeie, odiemos, odeiem
Infinitivo conjugado:	odiar, odiares, odiar, odiarmos, odiarem
Gerundio:	odiando
Participio:	odiado

OUVIR (*esp.* oír)

Indicativo	
Presente simple:	ouço, ouves, ouve, ouvimos, ouvem
Perfecto simple:	ouvi, ouviste, ouviu, ouvimos, ouvem
Imperfecto simple:	ouvia, ouvias, ouvia, ouvíamos, ouviam
Pluscuamperfecto simple:	ouvira, ouviras, ouvira, ouvíramos, ouviram
Futuro simple:	ouvirei, ouvirás, ouvirá, ouviremos, ouvirão
Condicional simple:	ouviria, ouvirias, ouviria, ouviríamos, ouviriam
Subjuntivo	
Presente:	ouça, ouças, ouça, ouçamos, ouçam
Imperfecto:	ouvisse, ouvisses, ouvisse, ouvíssemos, ouvissem
Futuro:	ouvir, ouvires, ouvir, ouvirmos, ouvirem
Imperativo:	ouve/ouça, ouçamos, ouçam
Infinitivo conjugado:	ouvir, ouvires, ouvir, ouvirmos, ouvirem
Gerundio:	ouvindo
Participio:	ouvido

PEDIR (*esp.* pedir) → también **despedir, impedir**

Indicativo	
Presente simple:	peço, pedes, pede, pedimos, pedem
Perfecto simple:	pedi, pediste, pediu, pedimos, pediram
Imperfecto simple:	pedia, pedia, pedias, pedíamos, pediam
Pluscuamperfecto simple:	pedira, pediras, pedira, pedíramos, pediram
Futuro simple:	pedirei, pedirás, pedirá, pediremos, pedirão
Condicional simple:	pediria, pedirias, pediria, pediríamos, pediriam
Subjuntivo	
Presente:	peça, peças, peça, peçamos, peçam
Imperfecto:	pedisse, pedisses, pedisse, pedíssemos, pedissem
Futuro:	pedir, pedires, pedir, pedirmos, pedirem
Imperativo:	pede/peça, peçamos, peçam
Infinitivo conjugado:	pedir, pedires, pedir, pedirmos, pedirem
Gerundio:	pedindo
Participio:	pedido

PERDER (*esp.* perder)

Indicativo	
Presente simple:	perco, perdes, perde, perdemos, perdem
Perfecto simple:	perdi, perdeste, perdeu, perdemos, perderam
Imperfecto simple:	perdia, perdias, perdia, perdíamos, perdiam
Pluscuamperfecto simple:	perdera, perderas, perdera, perdêramos, perderam
Futuro simple:	perderei, perderás, perderá, perderemos, perderão
Condicional simple:	perderia, perderias, perderia, perderíamos, perderiam
Subjuntivo	
Presente:	perca, percas, perca, percamos, percam
Imperfecto:	perdesse, perdesses, perdesse, perdêssemos, perdessem
Futuro:	perder, perderes, perder, perdermos, perderem
Imperativo:	perde/perca, percamos, percam
Infinitivo conjugado:	perder, perderes, perder, perdermos, perderem
Gerundio:	perdendo
Participio:	perdido

PODER (*esp.* poder)

Indicativo

Presente simple:	posso, podes, pode, podemos, podem
Perfecto simple:	pude, pudeste, pôde, pudemos, puderam
Imperfecto simple:	podia, podias, podia, podíamos, podiam
Pluscuamperfecto simple:	pudera, puderas, pudera, pudéramos, puderam
Futuro simple:	poderei, poderás, poderá, poderemos, poderão
Condicional simple:	poderia, poderias, poderia, poderíamos, poderiam
Subjuntivo	
Presente:	possa, possas, possa, possamos, possam
Imperfecto:	pudesse, pudesses, pudesse, pudéssemos, pudessem
Futuro:	puder, puderes, puder, pudermos, puderam
Imperativo:	pode/possa, possamos, possam
Infinitivo conjugado:	poder, poderes, poder, podermos, poderem
Gerundio:	podendo
Participio:	podido

PÔR (*esp.* poner) → también **compor, depor, expor, impor, supor** etc.

Indicativo

Presente simple:	ponho, pões, põe, pomos, põem
Perfecto simple:	pus, puseste, pôs, pusemos, puseram
Imperfecto simple:	punha, punhas, punha, púnhamos, punham
Pluscuamperfecto simple:	pusera, puseras, pusera, puséramos, puseram
Futuro simple:	porei, porás, porá, poremos, porão
Condicional simple:	poria, porias, poria, poríamos, poriam
Subjuntivo	
Presente:	ponha, ponhas, ponha, ponhamos, ponham
Imperfecto:	pusesse, pusesses, pusesse, puséssemos, pusessem
Futuro:	puser, puseres, puser, pusermos, puserem
Imperativo:	põe/ponha, ponhamos, ponham
Infinitivo conjugado:	pôr, pores, pôr, pormos, porem
Gerundio:	pondo
Participio:	posto

QUERER (*esp.* querer)

Indicativo

Presente simple:	quero, queres, quer, queremos, querem
Perfecto simple:	quis, quiseste, quis, quisemos, quiseram
Imperfecto simple:	queria, querias, queria, queríamos, queriam
Pluscuamperfecto simple:	quisera, quiseras, quisera, quiséramos, quiseram
*Futuro simple**:	quererei, quererás, quererá, quereremos, quererão
*Condicional simple**:	quereria, quererias, quereria, quereríamos, quereriam
Subjuntivo	
Presente:	queira, queiras, queira, queiramos, queiram
Imperfecto:	quisesse, quisesses, quisesse, quiséssemos, quisessem
Futuro:	quiser, quiseres, quiser, quisermos, quiserem
Imperativo:	quer/queira, queiramos, queiram
Infinitivo conjugado:	querer, quereres, querer, querermos, quererem
Gerundio:	querendo
Participio:	querido

(*) Previstos en las gramáticas, pero jamás empleados en PB.

SABER (*esp.* saber)

Indicativo

Presente simple:	sei, sabes, sabe, sabemos, sabem
Perfecto simple:	soube, soubeste, soube, soubemos, souberam
Imperfecto simple:	sabia, sabias, sabia, sabíamos, sabiam
Pluscuamperfecto simple:	soubera, souberas, soubera, soubéramos, souberam
Futuro simple:	saberei, saberás, saberá, saberemos, saberão
Condicional simple:	saberia, saberias, saberia, saberíamos, saberiam
Subjuntivo	
Presente:	saiba, saibas, saiba, saibamos, saibam
Imperfecto:	soubesse, soubesses, soubesse, soubéssemos, soubessem
Futuro:	souber, souberes, souber, soubermos, souberem
Imperativo:	sabe/saiba, saibamos, saibam
Infinitivo conjugado:	saber, saberes, saber, sabermos, saberem
Gerundio:	sabendo
Participio:	sabido

SER (*esp.* ser)

Indicativo

Presente simple:	sou, és, é, somos, são
Perfecto simple:	fui, foste, foi, fomos, foram
Imperfecto simple:	era, eras, era, éramos, eram
Pluscuamperfecto simple:	fora, foras, fora, fôramos, foram
Futuro simple:	serei, serás, será, seremos, serão
Condicional simple:	seria, serias, seria, seríamos, seriam
Subjuntivo	
Presente:	seja, sejas, seja, sejamos, sejam
Imperfecto:	fosse, fosses, fosse, fôssemos, fossem
Futuro:	for, fores, for, formos, forem
Imperativo:	sê*/seja, sejamos, sejam
Infinitivo conjugado:	ser, seres, ser, sermos, serem
Gerundio:	sendo
Participio:	sido

(*) Previsto en las gramáticas pero jamás empleado en PB.

TER (*esp.* tener) → también **conter, deter, entreter, reter** etc.

Indicativo

Presente simple:	tenho, tens, tem, temos, têm
Perfecto simple:	tive, tiveste, teve, tivemos, tiveram
Imperfecto simple:	tinha, tinhas, tinha, tínhamos, tinham
Pluscuamperfecto simple:	tivera, tiveras, tivera, tivéramos, tiveram
Futuro simple:	terei, terás, terá, teremos, terão
Condicional simple:	teria, terias, teria, teríamos, teriam
Subjuntivo	
Presente:	tenha, tenhas, tenha, tenhamos, tenham
Imperfecto:	tivesse, tivesses, tivesse, tivéssemos, tivessem
Futuro:	tiver, tiveres, tiver, tivermos, tiverem
Imperativo:	tem/tenha, tenhamos, tenham
Infinitivo conjugado:	ter, teres, ter, termos, terem
Gerundio:	tendo
Participio:	tido

TRAZER (*esp.* traer)

Indicativo
Presente simple: trago, trazes, traz, trazemos, trazem
*Perfecto simple**: trouxe, trouxeste, trouxe, trouxemos, trouxeram
Imperfecto simple: trazia, trazias, trazia, trazíamos, traziam
*Pluscuamperfecto simple**: trouxera, trouxeras, trouxera, trouxéramos, trouxeram
Futuro simple: trarei, trarás, trará, traremos, trarão
Condicional simple: traria, trarias, traria, traríamos, trariam

Subjuntivo
Presente: traga, tragas, traga, tragamos, tragam
*Imperfecto**: trouxesse, trouxesses, trouxesse, trouxéssemos, trouxessem
*Futuro**: trouxer, trouxeres, trouxer, trouxermos, trouxerem

Imperativo: traz/traga, tragamos, tragam

Infinitivo conjugado: trazer, trazeres, trazer, trazermos, trazerem

Gerundio: trazendo

Participio: trazido

(*) La X se pronuncia [s].

VER (*esp.* ver) → también **antever, rever, prever** etc.

Indicativo
Presente simple: vejo, vês, vê, vemos, veem
Perfecto simple: vi, viste, viu, vimos, viram
Imperfecto simple: via, vias, via, víamos, viam
Pluscuamperfecto simple: vira, viras, vira, víramos, viram
Futuro simple: verei, verás, verá, veremos, verão
Condicional simple: veria, verias, veria, veríamos, veriam

Subjuntivo
Presente: veja, vejas, veja, vejamos, vejam
Imperfecto: visse, visses, visse, víssemos, vissem
Futuro: vir, vires, vir, virmos, virem

Imperativo: vê/veja, vejamos, vejam

Infinitivo conjugado: ver, veres, ver, vermos, verem

Gerundio: vendo

Participio: visto

VIR (*esp.* venir)

Indicativo
Presente simple: venho, vens, vem, vimos, vêm
Perfecto simple: vim, vieste, veio, viemos, vieram
Imperfecto simple: vinha, vinhas, vinha, vínhamos, vinham
Pluscuamperfecto simple: viera, vieras, viera, viéramos, vieram
Futuro simple: virei, virás, virá, viremos, virão
Condicional simple: viria, virias, viria, viríamos, viriam

Subjuntivo
Presente: venha, venhas, venha, venhamos, venham
Imperfecto: viesse, viesses, viesse, viéssemos, viessem
Futuro: vier, vieres, vier, viermos, vierem

Imperativo: vem/venha, venhamos, venham

Infinitivo conjugado: vir, vires, vir, virmos, virem

Gerundio: vindo

Participio: vindo

OBSERVACIÓN 1: En la forma escrita de algunos verbos, hay cambios en la 1ª persona del presente del indicativo **o** en la 1ª persona del perfecto simple, del presente del subjuntivo **y** en el imperativo:

(1) En la escritura de [s]:

- Cambio de C a Ç:

conhecer:	conheço conheça, conheças, conheça, conheçamos, conheçam conhece/conheça, conheçamos, conheçam
descer:	desço desça, desças, desça, desçamos, desçam desce/desça, desçamos, desçam
oferecer:	ofereço ofereça, ofereças, ofereça, ofereçamos, ofereçam oferece/ofereça, ofereçamos, ofereçam
parecer:	pareço pareça, pareças, pareça, pareçamos, pareçam parece/pareça, pareçamos, pareçam

- Cambio de Ç a C:

alcançar:	alcancei alcance, alcances, alcance, alcancemos, alcancem alcança/alcance, alcancemos, alcancem
começar:	comecei comece, comeces, comece, comecemos, comecem começa/comece, comecemos, comecem

(2) En la escritura de [ʒ]:

- Cambio de G a J:

agir:	ajo aja, ajas, aja, ajamos, ajam age/aja, ajamos, ajam
fugir:	fujo fuja, fujas, fuja, fujamos, fujam foge/fuja, fujamos, fujam

(3) En la escritura de [k]:

- Cambio de C a QU:

atacar:	ataquei ataque, ataques, ataque, ataquemos, ataquem ataca/ataque, ataquemos, ataquem

secar:	sequei seque, seques, seque, sequemos, sequem seca/seque, sequemos, sequem

(4) En la escritura de [g]:

- Cambio de GU a G:

distinguir:	distingo distinga, distingas, distinga, distingamos, distingam distingue/distinga, distingamos, distingam
seguir[1]:	sigo siga, sigas, siga, sigamos, sigam segue/siga, sigamos, sigam

- Cambio de G a GU:

brigar:	briguei brigue, brigues, brigue, briguemos, briguem briga/brigue, briguemos, briguem
pagar:	paguei pague, pagues, pague, paguemos, paguem paga/pague, paguemos, paguem

(5) Cambio de O a U:

cobrir[2]:	cubro cubra, cubras, cubra, cubramos, cubram cobre/cubra, cubramos, cubram
dormir:	durmo durma, durmas, durma, durmamos, durmam dorme/durma, durmamos, durmam
engolir:	engulo engula, engulas, engula, engulamos, engulam engole/engula, engulamos, engulam
tossir:	tusso tussa, tussas, tussa, tussamos, tussam tosse/tussa, tussamos, tussam

(6) Cambio de E a I:

mentir:	minto minta, mintas, minta, mintamos, mintam mente/minta, mintamos, mintam

[1] Y sus derivados: **conseguir, perseguir, prosseguir**.

[2] Y sus derivados: **descobrir, encobrir, recobrir**.

seguir:	sigo siga, sigas, siga, sigamos, sigam segue/siga, sigamos, sigam
sentir:	sinto sinta, sintas, sinta, sintamos, sintam sente/sinta, sintamos, sintam
servir:	sirvo sirva, sirvas, sirva, sirvamos, sirvam serve/sirva, sirvamos, sirvam
vestir:	visto vista, vistas, vista, vistamos, vistam veste/vista, vistamos, vistam

OBSERVAÇÃO 2: Verbos en *-ear* cambian de *e* a *ei*, excepto la 1ª persona del plural, en el presente del indicativo, en el presente del subjuntivo y en el imperativo:

barbear:	(*esp.* afeitar) barbeio, barbeias, barbeia, barbeamos, barbeiam barbeie, barbeies, barbeie, barbeemos, barbeiem barbeia/barbeie, barbeemos, barbeiem
basear:	(*esp.* basar) baseio, baseias, baseia, baseamos, baseiam baseie, baseies, baseie, baseemos, baseiem baseia/baseie, baseemos, baseiem
passear:	(*esp.* pasear) passeio, passeias, passeia, passeamos, passeiam passeie, passeies, passeie, passeemos, passeiem passeia/passeie, passeemos, passeiem
pentear:	(*esp.* peinar) penteio, penteias, penteia, penteamos, penteiam penteie, penteies, penteie, penteemos, penteiem penteia/penteie, penteemos, penteiem

Bibliografía

ABAURRE, M. B. M.; RODRIGUES, A. C. S. (orgs.) (2002). *Gramática do português falado*. Vol. III. Campinas: Unicamp.

ALONSO, C. H. (1996). *Gramática funcional del español*. Madrid: Gredos.

AULETE, C. (2011). *Novíssimo Aulete dicionário contemporâneo da língua portuguesa*. Rio de Janeiro: Lexikon.

AZEREDO, J. C. de (2008). *Gramática Houaiss da língua portuguesa*. São Paulo: Publifolha.

BAGNO, M. (2002). *Linguística da norma*. São Paulo: Edições Loyola.

____. (2007). *Nada na língua é por acaso: por uma pedagogia da variação linguística*. São Paulo: Parábola Editorial.

____. (2012). *Gramática pedagógica do português brasileiro*. São Paulo: Parábola Editorial.

____. (org.) (2001). *Norma linguística*. São Paulo: Edições Loyola.

BECHARA, E. (2009). *Moderna gramática portuguesa*. Rio de Janeiro: Nova Fronteira.

BLANCHET, S. M. G. B. (2002). Indicativo e/ou subjuntivo em orações completivas objetivas diretas do português: uma volta ao latim, in: COHEN, M. A.; RAMOS, J. M. (orgs.) *Dialeto mineiro e outras falas: estudos de variação e mudança linguística*. Belo Horizonte: Faculdade de Letras/UFMG.

BLAS ARROYO, J. L. (2005). *Sociolingüística del español*. Madrid: Cátedra.

BORBA, F. S. (2002). *Dicionário de usos do português do Brasil*. São Paulo: Ática.

____. (org.) (1990). *Dicionário gramatical de verbos do português contemporâneo do Brasil*. São Paulo: Unesp.

BORTONI-RICARDO, S. M. (2011) *Do campo para a cidade – Estudo sociolinguístico sobre migração e redes sociais*. São Paulo: Parábola Editorial.

BUESO, I.; MORENO, N.; VÁSQUEZ, R.; WINGEYER, H. (1999). *Diferencias de usos gramaticales entre español peninsular y español de América*. Madrid: Edinumen.

CAMACHO, R. G. (2002). Construções de voz, in: ABAURRE, M. B. M.; RODRIGUES, A. C. S. (orgs.) *Gramática do português falado*. Vol. III. Campinas: Unicamp.

CÂMARA Jr., J. M. (1984). *Dicionário de linguística e gramática*. Petrópolis: Vozes.

____. (2001). *Estrutura da língua portuguesa*. Petrópolis: Vozes.

CARVALHO, O. L. S. (2001). Variação linguística e ensino: uma análise dos livros didáticos de português como segunda língua, in: BAGNO, M. (org.) *Norma linguística*. São Paulo: Edições Loyola.

CASTILHO, A. T. de (1991). *Gramática do português falado*. Vol. I. Campinas: Unicamp.

____. (1996) Os mostrativos no português falado, in: CASTILHO, A. T. de; BASÍLIO, M. (orgs.) *Gramática do português falado*. Vol. IV. Campinas: Unicamp.

____. (2010). *Nova gramática do português brasileiro*. São Paulo: Contexto.

CASTILHO, A. T. de; BASÍLIO, M. (orgs.) (1996). *Gramática do português falado*. Vol. IV. Campinas: Unicamp.

COHEN, M. A.; RAMOS, J. M. (orgs.) (2002). *Dialeto mineiro e outras falas: estudos de variação e mudança linguística*. Belo Horizonte: Faculdade de Letras/UFMG.

COROA, M. L. M. S. (2005). *O tempo nos verbos do português*. São Paulo: Parábola Editorial.

CORRÊA, V. R. (1998). *Oração relativa: o que se fala e o que se aprende no português do Brasil*. Tese de doutorado. Campinas: IEL, mimeo.

CRISTÓFARO SILVA, T. (1999). *Fonética e fonologia do português*. São Paulo: Contexto.

____. (2011). *Dicionário de fonética e fonologia*. São Paulo: Contexto.

CUNHA, C. (1985). *A questão da norma culta brasileira*. Rio de Janeiro: Tempo Brasileiro.

CUNHA, C.; LINDLEY CINTRA, L. F. (2008). *Nova gramática do português contemporâneo*. Rio de Janeiro: Lexikon.

DIAS, E. P. (2007). *O uso de tu/você na fala brasiliense*. Dissertação. Brasília: Universidade de Brasília, mimeo.

DIETRICH, W.; NOLL, V. (orgs.) (2004). *O português do Brasil: perspectivas da pesquisa atual*. Madrid/Frankfurt: Iberoamericana/Vervuert.

DUARTE, M. E. L. (1999). Clítico acusativo, pronome lexical e categoria vazia no português do Brasil, in: TARALLO, F. (org.). *Fotografias sociolinguísticas*. Campinas: Pontes/Unicamp.
FARACO, C. A. (2005). *Norma culta brasileira: desatando alguns nós*. São Paulo: Parábola Editorial.
FERREIRA, A. B. H. (2011). *Dicionário da língua portuguesa*. Curitiba: Positivo.
GALVES, C. (2001). *Ensaios sobre as gramáticas do português*. Campinas: Unicamp.
HERNANDO, M. L. C. (2013). *Langenscheidt Standardgrammatik Spanisch*. München/Viena: Langenscheidt.
HILGERT, J. G. (org.) (1997). *A linguagem falada culta na cidade de Porto Alegre*. Porto Alegre/ Passo Fundo: Editora da UFRGS/Editora da PFP.
HOUAISS, A. (2001). *Dicionário Houaiss da língua portuguesa*. São Paulo: Objetiva.
ILARI, R. (1997). *A expressão do tempo em português*. São Paulo: Contexto.
____. (2001). *Introdução à semântica: brincando com a gramática*. São Paulo: Contexto.
____. (2008). As conjunções, in: ILARI, R.; NEVES, M. H. de M. (orgs.). *Gramática do português culto falado no Brasil*. Vol. 2: Classes de palavras e processos de construção. Campinas: Unicamp.
ILARI, R.; BASSO, R. (2006). *O português da gente: a língua que estudamos, a língua que falamos*. São Paulo: Contexto.
ILARI, R.; NEVES, M. H. de M. (orgs.) (2008). *Gramática do português culto falado no Brasil*. Vol. II: Classes de palavras e processos de construção. Campinas: Unicamp.
JUBRAN, C. C. A. S.; KOCH, I. G. V. (orgs.) (2006). *Gramática do português culto falado no Brasil*. Vol. I. Campinas: Unicamp.
KATO, M. (org.) (1996). *Gramática do português falado*. Vol. V. Campinas: Unicamp.
KATO, M.; NASCIMENTO, M. do (orgs.) (2009). *Gramática do português culto falado no Brasil*. Vol. III. Campinas: Unicamp.
KOCH, I. G. V. (org.) (1997). *Gramática do português falado*. Vol. VI. Campinas: Unicamp.
LUFT, C. P. (2010). *Dicionário prático de regência nominal*. São Paulo: Ática.
____. (2010). *Dicionário prático de regência verbal*. São Paulo: Ática.
MATTE BON, F. (2009). *Gramática comunicativa del español: de la lengua a la idea*. Tomos I-II. Madrid: Edelsa.
MEYER, R. M de B.; ALBUQUERQUE, A. (orgs.) (2011). *O pretérito perfeito composto no português para estrangeiros: fronteiras com outras línguas*. Rio de Janeiro: Livre Expressão.
MIRANDA, N. S.; SALOMÃO, M. M. (orgs.) (2009). *Construções do português do Brasil — Da gramática ao discurso*. Belo Horizonte: Editora UFMG.
MÓDOLO, M. (2008). As construções correlatas, in: ILARI, R.; NEVES, M. H. M. (orgs.) (2008). *Gramática do português culto falado no Brasil*. Vol. 2: Classes de palavras e processos de construção. Campinas: Unicamp.
MOLINER, M. (1988). *Diccionario de uso del español*. Madrid: Gredos.
MORAES DE CASTILHO, C. M. (2008). Quantificadores indefinidos, in: ILARI, R.; NEVES, M. H. de M. (orgs.) (2008). *Gramática do português culto falado no Brasil*. Vol. 2: Classes de palavras e processos de construção. Campinas: Unicamp.
MORENO, C.; FERNÁNDEZ, G. E. (2007). *Gramática contrastiva del español para brasileños*. Madrid: SGEL.
MORIENA, C.; GENSCHOW, K. (2010). *Grosse Lerngrammatik Spanisch*. München: Hueber.
NEVES, M. H. de M. (2001). *Gramática de usos do português*. São Paulo: Unesp.
____. (2003). *Guia de uso do português: confrontando regras e usos*. São Paulo: UNESP.
____. (2008). Os pronomes, in: ILARI, R.; NEVES, M. H. de M. (orgs.) (2008). *Gramática do português culto falado no Brasil*. Vol. 2: Classes de palavras e processos de construção. Campinas: Unicamp.
____. (org.) (1999). *Gramática do português falado*. Vol. VII. São Paulo/Campinas: Humanitas/ Unicamp.
PERINI, M. A. (1995). *Gramática descritiva do português*. São Paulo: Ática.

PERINI, M. A. (2002). *Modern Portuguese: A Reference Grammar*. New Haven/Londres: Yale University Press.

____. (2008). *Estudos de gramática descritiva*. São Paulo: Parábola Editorial.

____. (2010). *Gramática do português brasileiro*. São Paulo: Parábola Editorial.

PINTO, E, P. (1986). *A língua escrita no Brasil*. São Paulo: Ática.

____. (1990). *O português popular escrito*. São Paulo: Contexto.

PONTES, E. (1987). *O tópico no português do Brasil*. Campinas: Pontes.

RODRIGUES, D. M. G. *et al.* (1992). *Brazilian Portuguese: Your Questions Answered*. Campinas: Editora da Unicamp.

RODRIGUES, D. M. G.; EL-DASH, L. G.; LOMBELLO, L. C. (1992). *Brazilian Portuguese: Your Questions Answered*. Campinas: Editora da Unicamp.

ROSA, M. C. (2000). *Introdução à morfologia*. São Paulo: Contexto.

SÁ, M. da P. M. *et al.* (orgs.) (1996). *A linguagem falada culta na cidade do Recife*. Vol 1. Recife: Universidade Federal de Pernambuco.

____. (orgs.) (2005). *A linguagem falada culta na cidade do Recife*. Vol 2. Recife: Universidade Federal de Pernambuco.

TARALLO, F. (org.) (1999). *Fotografias sociolinguísticas*. Campinas: Pontes/Unicamp.

ZILLES, A. M. S. (org.) (2005). *Estudos de variação linguística no Brasil e no Cone Sul*. Porto Alegre: UFRGS.

Índice de materias

Educação linguística

1. *Nada na língua é por acaso: por uma pedagogia da variação linguística*
   Marcos Bagno
2. *Produção textual, análise de gêneros e compreensão*
   Luiz Antonio Marcuschi
3. *Não é errado falar assim! Em defesa do português brasileiro*
   Marcos Bagno
4. *Gramática do português brasileiro*
   Mário A. Perini
5. *Gramática española para brasileños*
   Vicente Masip
6. *Do campo para a cidade: estudo sociolinguístico sobre migrações e redes sociais*
   Stella Maris Bortoni-Ricardo
7. *Questões de linguagem: passeio gramatical dirigido*
   Sírio Possenti
8. *Escrita e sociedade*
   Florian Coulmas
9. *Arquitetura da conversação: teoria das implicaturas*
   Roberta Pires de Oliveira; Renato Miguel Basso
10. *Gramática brasileña para hablantes de español*
    Orlene Lúcia S. Carvalho; Marcos Bagno
11. *Pedagogia da variação linguística: língua, diversidade e ensino*
    Ana Maria Stahl Zilles; Carlos Alberto Faraco [orgs.]

Esta obra foi composta em Cambria 11/14 e Calibri 10/12
e impressa em papel off set 90g
para a **Parábola Editorial** em abril de 2015.

impressão e acabamento
Prol Editora Gráfica